119개 개념으로 완성하는 중고등 영어문법서

단서문 119 2A

단권화

서술형

더또

119개
비밀의 단서를 찾아
서술형+문법 정복!

스승의날
Teachers Day Publisher

STRUCTURE

1 세분화된 Unit 구성, 도표 / 도해를 이용한 문법 개념의 시각화

- 문법 요소를 세분화하여 커리큘럼 구성
- 문법 개념을 이해하기 쉽게 도표·도해화

2 다양한 유형의 문제 제공

- 개념 이해를 위한 단계별 Practice
- 문제 해결 능력을 키워 주는 종합형 Practice
- 문법의 실제 활용을 확인하는 지문형 Practice

GRAMMAR FOCUS
도표로 이해하는 핵심 영문법

EXERCISE
단계별·유형별 확인 문제

LET'S PRACTICE
단원 종합 문제

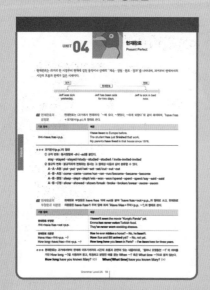

- 도표와 도식으로 정리하는 개념 설명과 핵심 예문
- 보충 설명 및 추가적인 도표 제시

- 문장 완성을 위한 단답형 문제: 학습한 문법 사항의 단순 적용 훈련
- 문장 전환 및 문장 재구성 문제: 문법 사항의 변화 및 문장 전환시 필요한 요소를 체크하는 훈련
- 지문 또는 대화문에서의 문법 적용 문제: 글의 흐름 속에서 문법 활용을 익히는 어법 적용 훈련
- 수준별 영작 문제: 실제 사용에서의 정확성을 위한 영작 훈련

- 세 개 Unit에서 학습한 내용에 대한 종합 실전 문제
- 내신 및 실전에서의 문제 해결 능력 강화

3 쓰기 활동 강화

- 단계별 쓰기 활동 제공
- 내신 및 영어 능력 평가를 대비하는 영작 Practice

LET'S DRILL
실전 대비 문제

– 내신 및 실전 대비 문제 해결 능력 향상

REVIEW TEST
Chapter별 종합 실전 문제

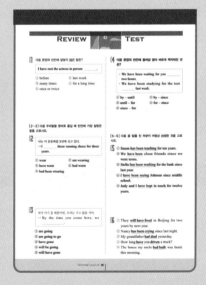

– Chapter별 문제 제시로 학습한 문법에 대한 종합적 적용 능력 강화

WRITING TIME
유형별 쓰기 학습

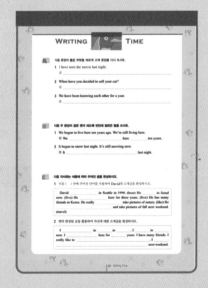

– 다양한 유형의 쓰기 학습을 통해 문법의 적용 능력 강화

CONTENTS

CHAPTER I

기본 시제 08

UNIT 01 현재 시제/현재 진행 시제 – 현재 시제/현재 진행 시제
UNIT 02 과거 시제/과거 진행 시제 – 과거 시제/과거 진행 시제
UNIT 03 미래 시제 – 미래 시제

LET'S PRACTICE
LET'S DRILL

현재완료 18

UNIT 04 현재완료 – 현재완료의 긍정문/현재완료의 부정문과 의문문
UNIT 05 현재완료의 용법 – 현재완료의 쓰임/현재완료 vs. 현재완료 진행
UNIT 06 과거 vs. 현재완료 – 과거 시제를 쓰는 경우/과거 vs. 현재완료

LET'S PRACTICE
LET'S DRILL

과거완료와 미래완료 28

UNIT 07 과거완료 – 과거완료의 개념과 형태/과거완료 vs. 과거완료 진행
UNIT 08 시제의 비교 – 대과거와 과거/각 시제의 영역 비교
UNIT 09 미래완료 – 미래완료의 개념/미래완료의 긍정문/미래완료의 부정문과 의문문

LET'S PRACTICE
LET'S DRILL

REVIEW TEST 38   **WRITING TIME** 41

CHAPTER II

조동사 44

UNIT **10** 조동사 1 – can / will / may / must / should
UNIT **11** 조동사 2 – have to / ought to / would / used to
UNIT **12** 조동사 3 – would like to / would rather / had better

LET'S PRACTICE
LET'S DRILL

문장의 형식 54

UNIT **13** 1형식 · 2형식 문장 – 문장 성분과 동사의 종류 / 1형식: S+V / 2형식: S+V+C
UNIT **14** 3형식 · 4형식 문장 – 3형식: S+V+O / 4형식: S+V+I.O+D.O
UNIT **15** 5형식 문장 / 구동사 – 5형식: S+V+O+O.C / 구동사

LET'S PRACTICE
LET'S DRILL

형용사와 부사 64

UNIT **16** 부정 수량형용사 – 수 · 양에 따라 다른 표현 / 수 · 양 모두 표현
UNIT **17** 형용사 역할을 하는 분사 – 분사의 쓰임 / 형용사로서의 분사 / 현재분사와 과거분사
UNIT **18** 부사 – 여러 가지 형태의 부사 / 주의할 부사

LET'S PRACTICE
LET'S DRILL

비교급과 최상급 74

UNIT **19** 원급 비교 – 다양한 원급 비교 표현 / as many[much] ~ as
UNIT **20** 비교급 / 최상급 – 비교급 · 최상급의 불규칙 변화 / 다양한 비교급 표현
UNIT **21** 최상급 – 원급 · 비교급을 이용한 최상급 표현 / 다양한 최상급 표현

LET'S PRACTICE
LET'S DRILL

REVIEW TEST 84 **WRITING TIME** 87

나는 바다 속에서 가장 깊게
잠수할 수 있는 새
펭귄이야.

[기본 시제]

UNIT **01** 현재 시제/현재 진행 시제
UNIT **02** 과거 시제/과거 진행 시제
UNIT **03** 미래 시제
LET'S PRACTICE
LET'S DRILL

[현재완료]

UNIT **04** 현재완료
UNIT **05** 현재완료의 용법
UNIT **06** 과거 vs. 현재완료
LET'S PRACTICE
LET'S DRILL

CHAPTER I

[과거완료와 미래완료]

UNIT **07** 과거완료

UNIT **08** 시제의 비교

UNIT **09** 미래완료

LET'S PRACTICE

LET'S DRILL

REVIEW TEST

WRITING TIME

UNIT 01 현재 시제 / 현재 진행 시제
Simple Present Tense / Present Continuous

현재 시제는 현재의 사실, 동작, 상태, 습관을 나타내며, 현재 진행 시제는 현재 시점에서 계속되는 동작을 나타낸다.

■ **현재 시제**   '~이다, ~하다'의 뜻으로, 주어의 인칭과 수에 따라 be동사는 am/are/is의 형태로 쓰고 일반동사는 3인칭 단수에서 -s/-es를 붙여 사용한다.

구분	기본 형태	예문
긍정문	주어+be동사의 현재형 (am/are/is)	I **am** American. I'**m** from San Francisco. Tommy **is** a student. He'**s** in the 3rd grade.
	주어+일반동사(-s/-es)	I **visit** my grandparents every Sunday. My son always **spends** his pocket money on games.
부정문	주어+be동사+not	I'**m not** interested in machines. Sumi **is not** hungry. She **isn't** in the kitchen now.
	주어+do/does+not+일반동사의 원형	I **don't play** the piano well. Jane **doesn't get** up late in the morning.
의문문	〈의문사가 없는 의문문〉 Be동사+주어 ~? Do/Does+주어+일반동사의 원형 ~?	**Is** the Earth round? – Yes, it **is**. **Are** you at home on Sunday evenings? – No, I'**m not**. **Do** you **wear** a school uniform on weekdays? – Yes, we **do**. **Does** David **work** at the supermarket? – No, he **doesn't**.
	〈의문사가 있는 의문문〉 의문사+be동사+주어 ~? 의문사+do/does+주어+일반동사의 원형 ~?	**Who is** the pretty girl over there? **What is** your favorite subject? **When do** you **leave** for school on Monday mornings? **Where does** Peter Pan **live**?

●●● 현재 시제와 함께 쓰이는 어구 : 현재 시제는 현재의 습관을 나타낼 때 사용되므로 always, usually, often, sometimes, never 등의 빈도를 나타내는 말과 함께 쓰이는 경우가 많다.

■ **현재 진행 시제**   현재의 한 시점에서 진행되고 있는 동작이나 상황을 나타낼 때 현재 진행 시제를 사용한다. 현재 진행형은 「be동사의 현재형+동사원형-ing」의 형태로 쓰이며 '~하고 있다'는 의미이다.

구분	기본 형태	예문
긍정문	주어+be동사의 현재형+동사원형-ing	I'**m listening** to music. Alan **is doing** his homework now.
부정문	주어+be동사+not+동사원형-ing	My father **is not reading** the newspaper. Cristine and Joy **aren't playing** tennis now.
의문문	〈의문사가 없는 의문문〉 Be동사+주어+동사원형-ing ~?	**Are** Jennifer and David **living** in the United Kingdom? – Yes, they **are**. / No, they **aren't**.
	〈의문사가 있는 의문문〉 의문사+be동사+주어+동사원형-ing ~?	**Why are** the people **yelling**? – Because they won the big soccer game.

●●● 현재 진행 시제는 어떤 순간에 진행 중인 행동을 나타내는 시제이므로, 소유, 존재, 지속적인 상태 등을 나타내는 have, like, love, know, remember, belong, stand 등의 동사는 진행 시제로 쓸 수 없다.

EXERCISE

A 다음 문장의 밑줄 친 부분을 바르게 고쳐 쓰시오.

1 Like children their parents?

2 Cathy don't have much money.

3 Tom and I am playing soccer after school.

4 The moon move around the earth.

B 다음 문장을 ( ) 안의 지시대로 바꿔 쓰시오.

1 Some kinds of animals work for people. (부정문으로)

→ _____

2 Tommy decides to sell his new car. (의문문으로)

→ _____

3 My father works in the hospital. (현재 진행형으로)

→ _____

4 My daughter is playing the cello. (현재 시제 부정문으로)

→ _____

C 다음 ( ) 안에 주어진 단어를 알맞게 바꿔 대화를 완성하시오.

1 A It's too noisy. What's happening?

B Chris _____ at the dog. (shout)

A Why is she shouting at the dog?

B She _____ the dog very much. (dislike)

2 A What time does Tommy get up?

B He _____ up at six every morning. (get)

A Why does he get up early?

B Because he _____ the school bus at seven. (take)

D 다음 ( ) 안에 주어진 말을 사용하여 우리말을 영작하시오.

1 Carol은 지금 강에서 수영을 하고 있지 않습니다. (swim)

→ _____

2 당신의 선생님은 당신에게 카드를 보냅니까? (send)

→ _____

3 학교는 보통 오전 8시에 시작한다. (usually, start)

→ _____

TIP 일반동사의 과거형
동사원형에 -d나 -ed를 붙임
watch-watched
visit-visited
like-liked
불규칙 변화하는 동사에 주의
get-got
eat-ate
swim-swam
buy-bought

UNIT 02

과거 시제/과거 진행 시제
Simple Past Tense/Past Continuous

과거 시제는 이미 지나간 과거에 있었던 일을 나타내고, 과거 진행 시제는 과거의 한 시점에 진행되고 있었던 동작이나 상태를 나타낸다.

■ **과거 시제** '~이었다, ~하였다'의 뜻으로, 주어의 인칭과 수에 따라 be동사는 was/were의 형태로 쓰고 일반동사는 일반동사 과거형을 사용한다.

구분	기본 형태	예문
긍정문	주어+be동사의 과거형 (was/were)	George **was** afraid of dogs when he **was** a child. The twins **were** excellent singers at that time.
	주어+일반동사 과거형	Dr. Lee **checked** over me and **told** me nothing. They **swam** in the pool and then **ate** some sandwiches.
부정문	주어+was/were+not (wasn't/weren't)	The traffic **wasn't** bad, so they arrived there on time. They **were not** at home all day long yesterday.
	주어+did not(=didn't)+일반동사의 원형	I **didn't play** soccer very well last year. Christine **didn't see** me in the concert hall.
의문문	〈의문사가 없는 의문문〉 Was/Were+주어 ~? Did+주어+일반동사의 원형 ~?	**Was** that person a police officer? – Yes, he **was**. **Were** you a good student three years ago? – No, I **wasn't**. **Did** she **buy** a treadmill yesterday? – No, she **didn't**.
	〈의문사가 있는 의문문〉 의문사+was/were+주어 ~? 의문사+did+주어+일반동사의 원형 ~?	**What was** your favorite color when you **were** 10 years old? **Where were** you at 4 o'clock yesterday? **Why did** you **meet** your professor this afternoon? **What did** Harry Potter **play** with his friend Hermione?

●●● 과거 시제와 함께 쓰이는 어구 : yesterday, then, at that time, last, ago 등 과거를 나타내는 부사나 부사구는 항상 과거 시제와 함께 사용한다.

■ **과거 진행 시제** 과거의 한 시점에서 진행되고 있었던 동작이나 상황을 나타낼 때는 과거 진행 시제를 사용한다. 과거 진행형은 「be동사의 과거형(was/were)+동사원형-ing」의 형태로 쓰며 '~하고 있었다'는 의미이다.

구분	기본 형태	예문
긍정문	주어+was/were+동사원형-ing	Ann **was driving** her car when the police officer stopped her. They **were working** at the factory at that time.
부정문	주어+was/were+not+동사원형-ing	I **was not talking** to Judy on the phone. Joe **wasn't playing** a game when her father knocked on her door.
의문문	〈의문사가 없는 의문문〉 Was/Were+주어+동사원형-ing ~?	**Were** the children **climbing** the tree at that time? – Yes, they **were**. / No, they **weren't**.
	〈의문사가 있는 의문문〉 의문사+was/were+주어+ 동사원형-ing ~?	**What were** you **doing** when I visited your parents yesterday? – I **was playing** baseball with my friends.

EXERCISE

A 다음 ( ) 안에서 알맞은 말을 고르시오.

1 Cathy (leaves, left) Korea five years ago.

2 (Did, Were) you have dinner with Tom yesterday?

3 I (didn't, wasn't) old enough to go to school last year.

4 I (read, was reading) a book when my mom called me.

B 다음 문장에서 <u>틀린</u> 부분을 바르게 고쳐 문장을 다시 쓰시오.

1 This house was belonging to my mother at that time.

→ _____

2 One day, the prince meets a princess and falled in love.

→ _____

3 Tom didn't be kind to me because I was late.

→ _____

4 Why do you met my uncle last night?

→ _____

C 다음 ( ) 안에 주어진 단어를 알맞게 바꿔 대화를 완성하시오.

1 A What time did you have dinner yesterday?
   B I _____ dinner at seven. (have)
   A What were you doing at nine?
   B I _____ a new sitcom on TV. (watch)

2 A How was your vacation?
   B It _____ great. (be) I _____ to Jejudo with my family. (go)

D 다음 ( ) 안에 주어진 말을 사용하여 우리말을 영작하시오.

1 나는 어제 하루 종일 TV를 보았다. (watch TV, all day long)

→ _____

2 그때 당신은 샤워하는 중이었나요? (take a shower)

→ _____

3 민수는 지난 주말에 농구를 했니? (play basketball)

→ _____

UNIT 03 미래 시제
Future Tense

미래 시제는 앞으로 일어날 미래의 일을 나타낸다. 미래에 대한 추측, 의지, 미리 결정되어 있는 일 등을 나타낼 때 사용한다.

■ **미래 시제** '~일 것이다, ~할 것이다'의 뜻으로, 조동사 will을 사용하여 「will+동사원형」의 형태로 쓴다. 미리 결정된 미래의 일은 be going to를 사용하여 「be going to+동사원형」의 형태로도 쓴다. 이때, be동사는 주어에 따라 am/are/is가 된다.

구분	기본 형태	예문
긍정문	주어+will+동사원형	I **will go** to a movie with my mom tonight. It **will be** cloudy tomorrow morning.
	주어+am/are/is+going to+동사원형	I **am going to learn** French next year. My dad **is going to invite** his boss over next Sunday.
부정문	주어+will not(=won't)+동사원형	It's sunny. He **will not take** an umbrella. Oh, no! They **won't lend** me their money any more.
	주어+am/are/is+not+going to+동사원형	I'm **not going to be** late for school any longer. Jacky **is not going to see** the Madonna concert.
의문문	〈의문사가 없는 의문문〉 Will+주어+동사원형 ~? Am/Are/Is+주어+going to+동사원형 ~?	This baggage is too heavy. **Will** you **help** me? **Will** Ryan **go** to the university? **Are** you **going to get** an MBA after graduation? **Is** Susan **going to marry** an honest man?
	〈의문사가 있는 의문문〉 의문사+will+주어+동사원형 ~? 의문사+am/are/is+주어+going to+동사원형 ~?	**What time will** they **arrive** at Jejudo? **How long will** the exam **last**? **Who are** you **going to meet** tomorrow evening? **Why is** the owner **going to sell** his building?

●●● 미래 시제와 함께 쓰이는 어구 : later, soon, some day, tomorrow, next 등 미래를 나타내는 부사나 부사구는 항상 미래 시제와 함께 사용한다. **TIP** 'in+시간」은 미래 시제와 쓰여 '~ 후에'의 뜻을 나타낸다.

●●● 현재·현재 진행의 미래 대용
① go, come, leave, start, arrive 등 '오다, 가다, 출발하다, 도착하다'의 뜻을 나타내는 동사가 미래를 나타내는 어구와 함께 쓰여 현재 진행 시제가 미래를 대신한다. **TIP** 왕래발착(往來發着)동사라고 표현하기도 한다.
   I'm **leaving** tomorrow. My brother **is arriving** next week.
② when(~할 때)이나 if(~라면)로 시작하는 시간·조건절에서는 현재 시제가 미래를 대신한다.
   When Susan **comes** here, she**'ll be** surprised.
   If you **go** by bus, it **will be** cheaper.

●●● will과 be going to는 둘 다 미래 시제를 나타내지만, will은 막연한 예측이나 단순한 의도를 포함한 미래의 일을 나타낼 때 주로 사용하고, be going to는 이미 결정되어 있는 계획된 일정을 나타낼 때 사용한다.
   You look so busy. I**'ll** help you. (○)
   You look so busy. I**'m going to** help you. (×)

EXERCISE

A 다음 ( ) 안에서 알맞은 말을 고르시오.

1 Will Mr. Parker (arrives, arrive, arriving) here tomorrow?

2 John (doesn't, won't, isn't) study at the library any more.

3 They say Cathy (is going to, going to, is going) marry John next month.

4 I (go, am going, went) to the pool with my family next weekend.

5 You (don't be, aren't, won't be) late for school if you start now.

B 다음 문장을 ( ) 안의 지시대로 바꿔 쓰시오.

1 Did you stay at home last weekend? (next weekend로 바꾸어서)
→ _____

2 The ship leaves for New York tomorrow. (I를 주어로, 가까운 미래 시제로)
→ _____

3 If the weather will be fine, we will go on a picnic. (틀린 부분을 고쳐서)
→ _____

4 When he visited London, it was raining. (be going to 미래 시제로 고쳐서)
→ _____

C 다음 ( ) 안에 주어진 단어를 알맞게 바꿔 대화를 완성하시오.

1 A Sam, let's play tennis this Saturday.
B Sorry, but I can't. I _____ my grandparents this Saturday. (visit)
A How about Sunday?
B OK. I will call you when I _____ back. (come)

2 A When can we meet Eric?
B Please wait. When he _____ the show, he will meet you. (finish)

D 다음 ( ) 안에 주어진 말을 사용하여 우리말을 영작하시오.

1 나의 아버지는 오늘 회사에 가지 않으실 것이다. (go to work)
→ _____

2 너는 내일 세차를 할 거니? (wash)
→ _____

3 비가 온다면, 우리는 집에서 머물 것이다. (rain)
→ _____

01 다음 문장의 빈칸에 알맞은 말은?

> Rice _____ grow in a cold climate.

① don't   ② is   ③ doesn't
④ isn't   ⑤ was

02 다음 밑줄 친 부분을 바르게 고칠 때 알맞은 것은?

> <u>Does</u> the weather good when you were on vacation?

① Did   ② Is   ③ Was
④ Do   ⑤ will

03 다음 문장을 지시대로 바꿔 쓸 때 바르지 <u>않은</u> 것은?

① Tony reads a cartoon book in his room.
  (미래형으로)
  → Tony will read a cartoon book in his room.
② You will go skiing this winter vacation.
  (의문문으로)
  → Will you go skiing this winter vacation?
③ Laura phoned me last night. (부정문으로)
  → Laura phoned not me last night.
④ They say that the earth is round.
  (과거형으로)
  → They said that the earth is round.
⑤ Cathy is going to help her mother do the dishes. (의문문으로)
  → Is Cathy going to help her mother do the dishes?

04 다음 중 밑줄 친 부분의 쓰임이 나머지와 <u>다른</u> 것은?

① Mrs. Parker is <u>coming</u> from New York this evening.
② You are <u>going</u> to school next weekend.
③ I am <u>going</u> back home in a few days.
④ The birthday party is <u>starting</u> in 5 minutes.
⑤ We are <u>going</u> to play soccer after school.

[5~6] 다음 중 밑줄 친 부분의 쓰임이 옳은 것을 고르시오.

05 ① I am <u>having</u> a pencil in my hand.
② Steve is <u>liking</u> your sister.
③ Are you <u>wanting</u> some milk?
④ This house is <u>belonging</u> to John.
⑤ What are you <u>looking</u> for?

06 ① It was warm, so I <u>takes</u> off my coat.
② I was very tired, so I <u>went</u> to bed early.
③ It was a funny situation, but nobody <u>laughing</u>.
④ Mary was in a hurry, but she <u>has</u> no time to call you.
⑤ The window was open, and a bird <u>flyed</u> into the room.

07 다음 대화의 빈칸에 알맞지 <u>않은</u> 말은?

> A What is Mary going to do _____?
> B She's going to go to a concert.

① tonight   ② tomorrow
③ last Sunday   ④ this evening
⑤ next month

08 다음 문장을 지시대로 바꿔 쓸 때 알맞은 것은?

> Do you have breakfast every day?
> (주어를 Michael로)

① Is Michael have breakfast every day?
② Have Michael breakfast every day?
③ Does Michael has breakfast every day?
④ Does Michael have breakfast every day?
⑤ Has Michael breakfast every day?

09 다음 대화의 빈칸에 공통으로 들어갈 알맞은 말은?

> A How _____ your trip to Thailand?
> B It _____ fantastic. There were so many old palaces in Thailand.

① is　　　　② was　　　　③ are
④ were　　　⑤ being

10 다음 짝지어진 두 문장의 의미가 같지 <u>않은</u> 것은?

① I'll go and visit her tonight.
　→ I'm going to visit her tonight.
② Cathy thinks the weather will be nice later.
　→ Cathy thinks the weather is going to be nice later.
③ We are going to go shopping tomorrow.
　→ We are going shopping tomorrow.
④ Mr. Parker is leaving for Canada next week.
　→ Mr. Parker leaves for Canada next week.
⑤ Do you think it will rain?
　→ Do you think it is going to rain?

[11~12] 다음 문장의 밑줄 친 부분을 바르게 고쳐 쓰시오.

11

> I will go to L.A. before Mr. Kim <u>come</u> back next year.

12

> The teacher says that the Korean War <u>break</u> out in 1950.

13 다음 ( ) 안의 단어를 사용하여 우리말을 영작하시오.

> 나는 Mr. Kim이 돌아올 때까지 기다릴 것이다.
> (until, come back)

→ _____

14 다음 대화를 순서에 맞게 배열하시오.

> A That's too bad.
> B Mom, I took a math test.
> C How did you do?
> D I got a bad grade on the test.
> E I'll do my best next time.

→ _____

15 다음 ( ) 안에 주어진 단어를 알맞게 바꿔 대화를 완성하시오.

> 　It's a nice day. You decide to take a walk. Before going outside, you tell your friend.
> You　　The weather is too nice to stay indoors. I _____ a walk. (take)
> Friend　That's a good idea. I _____ you. (join)

다음 ( ) 안에서 알맞은 말을 고르시오.

1 Peter and Cathy (have, has) good parents.

2 My father (go, goes, went) to church every Sunday.

3 (Do, Does, Did) you (watch, watches, watched) the show on TV last night?

4 How (do, is, will) Charlotte finish her book?

5 Please, be quiet! The baby (sleeps, is sleeping).

다음 밑줄 친 부분을 ( ) 안의 표현으로 바꿔 문장을 다시 쓰시오.

1 My sister takes a bath <u>every day</u>. (yesterday)

→ _____

2 Peter bought flowers <u>yesterday</u>, and he gave them to Cathy. (tomorrow)

→ _____

3 My blue shirt was very dirty, so I washed it <u>last night</u>. (now)

→ _____

다음 문장의 빈칸에 ( ) 안의 말을 알맞은 형태로 바꿔 쓰시오.

1 Tonny _____ me he would come back soon. (promise)

2 While it _____, we will stay at home. (rain)

3 If Laura _____ us to the party, we won't go there. (invite, not)

4 They said that the sun _____ much bigger than the earth. (be)

5 In Britain the banks usually _____ at 9:30 in the morning. (open)

D 다음 대화의 빈칸에 알맞은 말을 쓰시오.

1 A Are you interested in collecting old coins?

   B No, _____ _____. I'm interested in collecting new stamps.

2 A Will Peter go with us to the beach?

   B Yes, _____ _____. He promised.

3 A Did they throw a surprise party for Jordy?

   B No, _____ _____. They postponed it to this weekend.

E 다음 문장의 틀린 부분을 바르게 고쳐 문장을 다시 쓰시오.

1 Mr. and Mrs. Wilson works for a bank.

   → _____

2 Tom was late for class every day.

   → _____

3 If Peter will arrive on time, we won't be late for the meeting.

   → _____

4 We knew the earth was round.

   → _____

F 다음 우리말과 같은 뜻이 되도록 빈칸에 알맞은 말을 쓰시오.

1 Cathy는 지금 음악을 듣고 있나요?

   → _____ Cathy _____ to music now?

2 나는 어제 호랑이를 처음으로 보았다.

   → I _____ the tiger yesterday _____ the _____ _____.

3 Peter는 학교에서 프랑스 어를 공부하나요?

   → _____ Peter _____ French _____ _____?

UNIT 04

현재완료
Present Perfect

현재완료는 과거의 한 시점부터 현재에 걸친 동작이나 상태의 '계속·경험·완료·결과'를 나타내며, 과거부터 현재까지의 시간의 흐름과 관계가 깊은 시제이다.

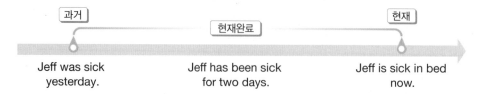

| 과거 | 현재완료 | 현재 |

| Jeff was sick yesterday. | Jeff has been sick for two days. | Jeff is sick in bed now. |

■ **현재완료의 긍정문**

현재완료는 (과거에서 현재까지) '~해 오다, ~했었다, ~하게 되었다'와 같이 해석하며, 「have/has +과거분사(p.p.)」의 형태로 쓴다.

기본 형태	예문
주어+have/has+p.p.	I **have been** to Europe before. The student **has** just **finished** that work. My parents **have lived** in that house since 1978.

●●● 과거분사(p.p.)의 형태

① 규칙 변화 : 동사원형에 -d나 -ed를 붙인다.

　　stay-stayed-stayed/study-studied-studied / invite-invited-invited

② 불규칙 변화 : 불규칙하게 변화하는 동사는 그 형태상 다음과 같이 분류할 수 있다.

　　A-A-A형 : put-put-put/set-set-set/cut-cut-cut

　　A-B-A형 : come-came-come/run-ran-run/become-became-become

　　A-B-B형 : sleep-slept-slept/win-won-won/spend-spent-spent/say-said-said

　　A-B-C형 : show-showed-shown/break-broke-broken/swear-swore-sworn

■ **현재완료의 부정문과 의문문**

현재완료 부정문은 have/has 뒤에 not을 붙여 「have/has+not+p.p.」의 형태로 쓰고, 현재완료 의문문은 have/has가 주어 앞에 와서 「Have/Has+주어+p.p. ~?」의 형태로 쓴다.

기본 형태	예문
현재완료 부정문 주어+have/has+not+p.p.	I **haven't seen** the movie "Kungfu Panda" yet. Emma **has never eaten** Turkish food. They**'ve never worn** wedding dresses.
현재완료 의문문 Have/Has+주어+p.p. ~? How long+have/has+주어+p.p. ~?	**Has** he ever **ridden** a horse? – No, he **hasn't**. **Have** Sue and Bill **arrived** yet? – No, not yet. **How long have** you **been** in Paris? – I**'ve been** here for three years.

●●● 현재완료는 과거에서부터 현재에 이르기까지의 시간의 흐름과 관련이 있는 내용이므로, '얼마나 오랫동안 ~?'의 의미를 가진 How long ~?을 사용하여 묻고, 특정하고 분명한 때를 묻는 When ~? 혹은 What time ~?으로 묻지 않는다.

How long have you known Mary? (O)　　　**When[What time]** have you known Mary? (×)

EXERCISE

A 다음 문장의 밑줄 친 부분을 바르게 고쳐 쓰시오.

1 This company has made a profit <u>three years ago</u>.

2 I <u>didn't meet</u> Karl since last year.

3 When <u>have you seen</u> the famous opera?

4 How long <u>did you drive</u> a truck?

B 다음 문장을 현재완료 시제로 바꿔 쓰시오.

1 Tom broke his father's glasses.

→ _____

2 Emily went to the United States.

→ _____

3 We didn't study for the test at all.

→ _____

4 Did Mary invite Peter to the party?

→ _____

C 다음 대화의 빈칸에 알맞은 말을 〈보기〉에서 찾아 바른 형태로 쓰시오.

보기	clean	come	arrive	talk	be

1 A Have you ever _____ to a foreigner in person?
B No, I haven't.

2 A Julie and I have _____ close since we were in kindergarten.
B Really? It's good to have close friends.

3 A Janet has already _____ the whole classroom.
B Has she? That nice of her.

D 다음 ( ) 안에 주어진 말을 사용하여 우리말을 영작하시오.

1 나는 Johnny와 초등학교 때 이후로 알고 지낸다. (since, elementary school)
→ _____

2 그들은 아직 설거지를 마치지 못했다. (finish, do the dishes, yet)
→ _____

3 너는 피라미드를 본 적 있니? (ever, the Pyramids)
→ _____

UNIT 05

현재완료의 용법
Usage of Present Perfect

■ **현재완료의 쓰임**

용법	의미	예문	함께 쓰이는 어구
계속	과거의 상태·동작이 현재까지 지속 (지금까지 계속 ~해왔다)	My brother **has been** ill since last month. 지난 달부터 현재까지 계속 아픈 상태 Dean and Susan **have known** each other for ten years. 10년 전부터 현재까지 계속 알고 지낸 상태 How long **have** you **stayed** in Venice? 현재까지 얼마나 오랫동안 베니스에 있었는지 물음	since+연도/시점 for/over+기간 How long ~?
경험	과거에서 현재에 이르는 시간 동안의 경험 (지금까지 ~해 본 적이 있다)	I **have been** to Japan twice. 현재까지 일본에 두 번 가 본 경험이 있음 He **has** never **written** letters in English. 지금까지 한 번도 해 본 적이 없음 How many times **have** you **visited** the museum? 현재까지 그 박물관을 방문한 횟수를 물음	before, seldom, ever, never, once, twice, ~ times, How many times ~?
완료	과거에 시작된 동작을 현재 끝마침 (지금 막 ~해버렸다)	I**'ve** just **finished** reading the novel. 과거에 읽기 시작하여 지금 막 끝냄 The couple **have** already **had** dinner. 이미 저녁을 다 먹은 상태 **Have** you **done** your homework yet? 지금까지 숙제를 끝냈는지 물음	just, already, yet, lately, recently
결과	과거 동작의 결과가 현재까지 남아 있음 (지금 ~인 상태이다)	Patrick **has gone** to New York. 과거에 가서, 그 결과 현재 뉴욕에 있음 Sally **has lost** her passport in the airport. 여권을 잃어버려 현재 가지고 있지 않음 His family **have moved** to Seoul. 과거에 이사해서, 그 결과 현재 서울에 살고 있음	have/has gone to ~ have/has lost ~

ⓣⓘⓟ have/has gone to는 '~로 가고 없다'라는 의미로 1인칭과는 함께 사용할 수 없다.

■ **현재완료 vs.** 현재완료가 가지는 '과거에서부터 현재까지'의 의미에 '진행'의 의미가 더해진 것이 현재완료 진행이며,
현재완료 진행 과거에 시작된 일이 현재까지도 계속 진행되고 있음을 강조한 시제이다.

현재완료 진행	형태	예문
현재완료 + 진행형 ──────── 현재완료 진행	have/has+p.p. + be+-ing ──────── have/has been -ing	Paul is very tired. He**'s been working** very hard. They are still watching TV. They**'ve been watching** TV all day.

●●● 현재완료는 지금 막 동작이 완료되었다는 '결과'에 중점을 두는 반면, 현재완료 진행은 동작 그 자체, 즉 현재까지 동작이 '계속'되어 왔음에 중점을 둔다.

> 현재완료　　　　**We've painted** the rooms.
> 　　　　　　　　 (조금 전에 페인트 칠이 끝났음)
> 현재완료 진행　 **We've been painting** the rooms.
> 　　　　　　　　 (지금까지 페인트 칠을 해왔고, 현재 아직 더 칠할 것이 남아 있음)

ⓣⓘⓟ 현재완료 진행의 다른 예
· We**'ve been talking** about that for weeks, but we haven't decided anything yet.
· I**'ve been sitting** here all afternoon, but I haven't noticed this bag until now.

●●● live, work, stand, wait, know, have, remember와 같이 동사 자체가 '계속'의 의미를 내포하는 경우에는 현재완료의 계속적 용법과 현재완료 진행 간에 의미 차이가 거의 없다.

> John **has lived** in London for a long time. = John **has been living** in London for a long time.

●●● 부정문에서는 현재완료 진행을 사용하지 않고 보통 현재완료를 사용한다.

> I **haven't met** Janet for a month.
> She **hasn't called** me since her birthday party.

A 다음 현재완료 문장의 용법을 쓰시오.

1 She's just finished repairing the fax machine. (   )

2 The famous architect has gone to Italy. (   )

3 Lisa has never seen any of Shakespear's plays. (   )

4 I haven't eaten anything since breakfast. (   )

B 다음 문장의 밑줄 친 부분을 바르게 고쳐 쓰시오.

1 We <u>were waiting</u> for her for two hours. But we haven't met her until now.

2 I <u>have been reading</u> this comic book more than ten times.

3 He <u>has repaired</u> the car for three hours.

4 <u>Have you ever been playing</u> this simulation game before?

C 다음 대화의 빈칸에 알맞은 말을 쓰시오.

1 A Have you ever heard of "Megapauna" fossils?
    B What's that? I _____ never _____ of it.

2 A How many times _____ you _____ Indian food?
    B I have eaten Indian food twice.

3 A You speak Japanese very well. How long have you learned it?
    B I _____ _____ _____ Japanese _____ last year.
    A Oh, you're still learning.

4 A Kelly _____ _____ _____ the DVD _____ an hour.
    B We must tell her to stop watching now.

D 다음 우리말과 같은 뜻이 되도록 빈칸에 알맞은 말을 쓰시오.

1 런던은 19세기 이래로 지하철 시스템을 갖추고 있다.
    → London _____ _____ a subway system _____ 19th century.

2 Peter는 지금까지 얼마나 오랫동안 담배를 피워 오고 있니?
    → How long _____ _____ _____ _____ up to now?

3 나는 이 보고서를 세 번 읽었다.
    → I _____ _____ this report _____ _____.

UNIT 06 과거 vs. 현재완료
Simple Past Tense *vs.* Present Perfect

과거 시제는 현재까지 지속되지 않는 과거의 어느 시점에 완료된 행동이나 사실을 묘사하는 반면, 현재완료는 과거에 있었던 그 동작이나 상태가 지속되어 현재까지 영향을 미치는 것을 나타낸다.

■ 과거 시제를 쓰는 경우

쓰임	예문
과거의 한 시점에 일어난 일을 의미	When **did** you **go** to the United States? I **met** a friend on the street this morning. We **went** to the amusement park yesterday.
역사적 사실	World War II **came** to an end in 1945. The American Civil War **broke** out in 1861. King Sejong **invented** *Hangeul* in 1443.
문장의 의미상 현재의 상태나 행동과 연관성이 없을 경우	John Lennon **was** a great singer. We **had** a peaceful evening. Thomas Edison **didn't** do well at school.
과거의 반복적인 행동이나 습관	He usually **ran** to school. I always **went** to bed late at night. We often **spent** our vacation all day together.

■ 과거 vs. 현재완료

구분	단순 과거	현재완료
말하는 시점의 차이	**Did** you **see** Alice this morning? (now: afternoon or evening)	**Have** you **seen** Alice this morning? (now: still morning)
현재 시제와의 연관성	My sister **lived** in Chicago ten years ago, but now she lives in San Francisco.	My sister **has lived** in Chicago for ten years. (= My sister moved to Chicago ten years ago. So she lives in Chicago now.)
	He **went** to Brazil. 과거에 브라질로 갔고, 현재 위치는 알 수 없음	He **has gone** to Brazil. (= He went to Brazil, so he is there now.)
	I **lost** my cell phone. 잃어버린 후, 현재는 찾았는지 못 찾았는지 알 수 없음	**I've lost** my cell phone. (= I lost my cell phone, so I don't have it now.)

●●● 과거를 나타내는 부사(구) yesterday, last, ago 등과 명백한 시점을 묻는 의문사 When ~?, What time ~?은 현재완료 시제로는 사용할 수 없고 과거 시제에서만 사용할 수 있다.

I **lost** my car **yesterday**. (*not* I've lost)

I **saw** the movie **last** week. (*not* I've seen)

A **When** did Elvis Presley die? (*not* When has ~ died?)

B He died in 1977. (*not* He has died in 1977.)

> **TIP** 현재완료와 함께 쓰이는 어구:
> since, for, How long ~?,
> How many times ~?
> (20쪽 참조)

EXERCISE

A 다음 ( ) 안에서 알맞은 말을 고르시오.

1 My aunt (was, has been) ill since last week.

2 Somebody (broke, has broken) into my house last night.

3 How many times (did you meet, have you met) Jerry before?

4 Noah (went, has gone) to Italy last month with his family.

B 다음 두 문장이 같은 뜻이 되도록 빈칸에 알맞은 말을 쓰시오.

1 My grandmother died and she isn't here now with us.
→ My grandmother _____ _____.

2 My boss went to Hong Kong, so he isn't here now.
→ My boss _____ _____ to Hong Kong.

3 My brother's right leg was broken, and it is not still well.
→ My brother _____ _____ his right leg.

4 They began to develop a new system long time ago, and they finish developing it now.
→ They _____ _____ a new system.

C 다음 문장의 밑줄 친 부분을 바르게 고쳐 쓰시오.

1 A I have never heard of this group before. Are they famous here?
B Yes, they are very popular. <u>They were famous for years.</u>

→ _____

2 <u>An earthquake has hit last night in Northern California.</u> There are many people who were hurt and are waiting for help from the world. They need our help.

→ _____

D 다음 우리말과 같은 뜻이 되도록 빈칸에 알맞은 말을 쓰시오.

1 4일 동안 계속 폭풍우가 친다.
→ It _____ _____ stormy _____ four days.

2 너희들은 수학 여행에서 언제 돌아왔니?
→ When _____ _____ _____ back from the school excursion?

3 그들이 막 인천 국제 공항에 도착했다.
→ They _____ _____ _____ at Incheon International Airport.

4 그녀는 얼마나 오랫동안 그 회사에서 일했니?
→ How long _____ _____ _____ at the company?

01 다음 문장의 빈칸에 가장 알맞은 말은?

> Koreans _____ *Hangul*, the Korean alphabet, for over 500 years.

① used ② have been used
③ have been using ④ has used
⑤ has been used

02 다음 문장과 의미하는 바가 같은 것은?

> Donna moved to San Diego two years ago, and she still lives there now.

① Donna lived in San Diego two years ago.
② Donna liked to live in San Diego.
③ Donna has been to San Diego before.
④ Donna has lived in San Diego for two years.
⑤ Donna has been lived in San Diego for two years.

03 다음 두 문장을 한 문장으로 만드시오.

> Nancy started to cry last night. She is still crying.

→ _____

[4~5] 다음 〈보기〉의 밑줄 친 부분과 쓰임이 같은 것을 고르시오.

04

> I have never seen such a huge tree.

① The first train has just left.
② He has already made a snowman.
③ We've stayed here for two days.
④ Tony has been in Korea for a long time.
⑤ No one has ever succeeded in solving it.

05

> 보기 How long have you lived here in Korea?

① The girl has already done her duty.
② Have you ever met an entertainer?
③ Everybody has gone out for exercise.
④ Susan has played soccer for a year.
⑤ I have never eaten duck meat before.

06 두 문장을 한 문장으로 만들 때 빈칸에 알맞은 것은?

> • Jack and Jill got married in 1994.
> • Jack and Jill are still married to each other.
> → Jack and Jill _____ to each other since 1994.

① were married ② have married
③ were marrying ④ have been married
⑤ will be married

07 다음 밑줄 친 부분을 ( ) 안의 말로 바꿔 쓰시오.

> Mr. Johnson was in California last year. (since last year)

→ _____

08 다음 중 어법상 어색한 문장은?

① I've been teaching English for 20 years.
② How long have you been learning Chinese?
③ Matt Damon has been acting since 1990.
④ We've been knowing each other for several months.
⑤ She has been searching for her dog since this morning.

09 다음 우리말을 영어로 바르게 옮긴 것은?

> 나는 전에 그의 그림을 여러 번 본 적 있다.

① I saw his paintings many times ago.

② I have seen his paintings many times ago.

③ I have seen his paintings many times before.

④ I have been seeing his paintings many times ago.

⑤ I have been seeing his paintings many times before.

[10~11] 다음 두 문장이 같은 뜻이 되도록 빈칸에 알맞은 말을 쓰시오.

10

> They began arguing thirty minutes ago. They're still arguing.
> → They _____ _____ _____ _____ thirty minutes.

11

> My brother went to San Francisco. So he isn't here now.
> → My brother _____ _____ to San Francisco.

[12~14] 밑줄 친 ①~⑤ 중 어색한 것을 고르시오.

12

> Tiffany is on her way to France. She has ①been on an airplane before, and she has ②gone to the country. But she has never seen the Eiffel Tower and never ③used Euro money. She has never ④spoken to a Frenchman and never ⑤eaten French food. Tiffany is going to try all these things for the first time. She can't wait.

13

> Mr. and Mrs. Smith are very angry. They ①have had a lot of problems in their apartment recently. They ②have been calling their landlord many times and complained about their problems. He ③has promised to help them, but they ④have been waiting for more than a week, and still he ⑤has not fixed anything they asked.

14

> Money has not always been bills and coins. In many parts of the world people ①have used other things. Precious stones and valuable cloth ②have all been used as money at times. But people ③have also given special value to other kinds of objects. For example, in Ethiopia, blocks of salt have been used as money. In India, special kinds of shells ④have been used. In fact, anything ⑤has become money if it is accepted by everyone as money.

15 다음 우리말을 영어로 옮길 때 빈칸에 알맞은 말을 쓰시오.

> Cindy는 최근에 새로운 직장을 구하고 있다.
> → Cindy _____ _____ _____ a new job lately.

A 다음 ( ) 안에서 알맞은 말을 고르시오.

1 I (met, have met) your mother a week ago.

2 Sunny (went, has been) to Mexico many times before.

3 When (did you see, have you seen) our homeroom teacher?

B 다음 문장의 빈칸에 ( ) 안의 단어를 알맞은 형태로 바꿔 쓰시오.

1 At last, spring has _____. (come)

2 We have already _____ a walk. (take)

3 How long have you been _____ English? (study)

C 다음 문장의 빈칸에 알맞은 것을 고르시오.

1 We _____ each other for a long time.
　① know　　　　　　② are knowing　　　　　③ have known

2 How long _____ up to now?
　① did it rain　　　　② was it raining　　　　③ has it been raining

3 The boy has watched TV _____.
　① last night　　　　② an hour ago　　　　　③ since this morning

D 다음 문장의 틀린 부분을 바르게 고쳐 문장을 다시 쓰시오.

1 I have been knowing him since I was young.

　→ _____

2 It has been raining cats and dogs since three days.

　→ _____

E 다음 두 문장이 같은 뜻이 되도록 빈칸에 알맞은 말을 쓰시오.

1 Nancy went to Japan, so she isn't here now.

→ Nancy _____ _____ _____ Japan.

2 My parents began to live here ten years ago. They still live here.

→ My parents _____ _____ here _____ ten years.

3 It started to snow heavily last night. It's still snowing heavily.

→ It _____ _____ _____ heavily _____ last night.

F 다음 우리말과 같은 뜻이 되도록 빈칸에 알맞은 것을 고르시오.

1 우리들은 지난 일요일에 박물관에 갔다.

→ We _____ to a museum last Sunday.

① went　　　　　② have gone　　　　　③ have been

2 너는 중국에 몇 번이나 가 보았니?

→ How many times _____ to China before?

① did you go　　　　　② have you been　　　　　③ have you gone

3 Sarah는 지금까지 얼마 동안 교직에 있었니?

→ How long _____ so far?

① did Sarah teach　　　　　② is Sarah teaching　　　　　③ has Sarah been teaching

G 다음 우리말과 같은 뜻이 되도록 빈칸에 알맞은 말을 쓰시오.

1 나는 어제 엄격한 다이어트를 시작했다.

→ I _____ going on a strict diet yesterday. (begin)

2 나의 언니는 이 차를 10년 동안 소유해 왔다.

→ My sister _____ _____ this car for ten years. (have)

3 우리들은 영어를 3년 동안 공부해 오고 있는 중이다.

→ We _____ _____ _____ English for three years. (study)

UNIT 07 과거완료
Past Perfect

과거완료의 개념과 형태
과거완료란 과거보다 더 이전(대과거)의 한 시점부터 과거에 걸친 동작이나 상태의 '계속·경험·완료·결과'를 나타내며, 형태는 「had + 과거분사(p.p.)」의 형태로 써서 '~했었다, ~해 왔었다'로 해석한다.

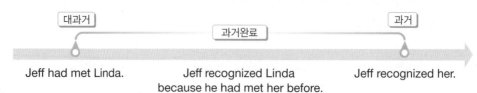

대과거	과거완료	과거
Jeff had met Linda.	Jeff recognized Linda because he had met her before.	Jeff recognized her.

●●● 과거완료 긍정문

기본 형태	예문
주어 + had + p.p.	When James appeared, the driver **had** already **started** the car. I didn't watch the film because I **had seen** it before. We **had had** the car for twelve years until we bought a new one. I found I **had left** my purse in the taxi.

●●● 과거완료 부정문

기본 형태	예문
주어 + had + not / never + p.p.	I **had never chatted** on the Internet until 2008. They **had not lived** in that house until he got married. She **hadn't driven** a car on the expressway before then. I **had not been** to the United States before I went last year.

●●● 과거완료 의문문

기본 형태	예문
Had + 주어 + p.p. ~?	**Had** they **gone** to Seoul when you went to their house? **Had** you **finished** your homework before I called you? **Had** she **been** an actress before she became a singer? **Had** the bus **left** before I reached the terminal?

과거완료 vs. 과거완료 진행
과거완료의 '대과거에서부터 과거까지'의 의미에 '진행'의 의미가 더해진 것이 과거완료 진행이며, 과거보다 더 이전에 시작된 일이 과거까지 진행되고 있었음을 강조한 시제이다.

과거완료 진행	형태	예문
과거완료 + 진행형 ──── 과거완료 진행	had + p.p. + be + -ing ──────── had been -ing	Cindy **had been working** for three hours when her boss visited her. He **had been trying** to finish his degree that year because he was offered a job. He **had been suffering** from flu when he was interviewed. He **had been saving** money since Thanksgiving Day to buy a new MP3 player.

EXERCISE

A 다음 ( ) 안에서 알맞은 말을 고르시오.

1 I remembered that I (left, had left) my key at home.

2 He said that he (washed, had washed) the car already.

3 Mom had bought me an MP3 player. But I (lost, had lost) it the next day.

4 When he arrived, we (had read, had been reading) books all day.

B 다음 ( ) 안에 주어진 말을 어법에 맞게 고쳐 쓰시오.

1 When I met Jake, he (be married) for 10 years.

2 When Ashley arrived at the party, her friends (go) home.

3 I was scolded by my science teacher because I (not submit) my report.

4 When I visited my uncle, he (play soccer) for an hour.

C 다음 대화의 밑줄 친 부분을 바르게 고쳐 쓰시오.

1 A When we arrived, we found someone has broken in.
   B Did you call the police? Was anything stolen?
   → _____

2 A When I got to the airport, the plane already took off.
   B What was the problem? Why were you late?
   → _____

3 A She has been sick in bed for weeks when I visited her.
   B I'm so sorry to hear that.
   → _____

D 다음 우리말과 같은 뜻이 되도록 빈칸에 알맞은 말을 쓰시오.

1 그는 자신이 외국에 가 본 적이 없다고 말했다.
   → He said that he _____ _____ _____ to a foreign country.

2 내가 전화하기 전에 Rick은 이미 그 일을 끝마쳤다.
   → Rick _____ _____ _____ the work before I called him.

3 내가 Ron를 보았을 때, 그는 한 시간째 테니스를 치고 있었다.
   → When I saw Ron, he _____ _____ _____ _____ for an hour.

UNIT 08

시제의 비교
Comparison of the Tense

■ **대과거와 과거** 과거완료는 과거의 과거(대과거) 시점부터 과거에 걸친 동작이나 상태를 나타내는 시제로, 항상 기준이 되는 과거 시제가 있어야 한다. 즉, 의미상 과거보다 더 이전에 일어났던 일이라는 시간의 순차성이 명확할 때 사용한다.

> She had come earlier before we had dinner at six.
> 대과거「had + p.p.」   과거
> (과거보다 더 먼저 일어난 일) ●———→ (과거에 일어난 일)
>
> When I arrived in Chicago, my family had already left for Guam.
> 과거   대과거「had + p.p.」
> (과거에 일어난 일) ◄———● (과거보다 더 먼저 일어난 일)

과거	대과거(과거보다 더 이전)
Tara and Julia **went** to the party	but their friends **had** already **left**.
I **opened** the refrigerator	but the milk **had gone** sour.
I **did not know** Jack	because I **had not met** him before.
We **couldn't** eat at the cafe	because we **hadn't booked** a table.
She **was** very happy	because she **had won** the first prize.
We **went** for a walk	after we **had finished** our meal.
When I **arrived** in London,	it **had rained** for a week.
Before my mother **returned** home	I **had stopped** Internet shopping.

■ **각 시제의 영역 비교** 대과거·과거·현재의 각 시점을 기준으로 과거완료 및 과거완료 진행, 현재완료 및 현재완료 진행의 각 시제별 영역을 나눌 수 있다.

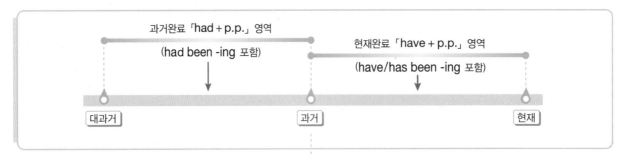

●●● 과거완료

Thomas **had finished** all his assignments before his wife came.

●●● 과거완료 진행

Jason **had been painting** the fence for an hour when I visited him.

●●● 현재완료

Gloria **has read** *Harry Potter* before.

●●● 현재완료 진행

Gloria **has been reading** the book for three days.

EXERCISE

A 다음 ( ) 안에 주어진 말을 알맞게 바꿔 문장을 완성하시오.

1 When I arrived, Sarah _____ _____ home already. (go)

2 I _____ him at once because I had seen his photos. (recognize)

3 We were worried because we _____ _____ before. (not fly)

4 They _____ _____ at home until their mom returned. (stay)

B 다음 두 문장이 같은 뜻이 되도록 빈칸에 알맞은 말을 쓰시오.

1 I watched the movie a few days ago, and told my sister about it.
→ I told my sister about the movie I _____ _____ a few days ago.

2 My father built the greenhouse, but it was burnt yesterday.
→ The greenhouse my father _____ _____ was burnt yesterday.

3 I woke up late so I missed my flight.
→ I missed my flight because I _____ _____ up late.

C 다음 대화의 빈칸에 알맞은 말을 쓰시오.

1 A I _____ _____ asleep when the doorbell _____.
(초인종이 울렸을 때 나는 잠이 들어 있었어요.)
B Do you remember what time it was?

2 A We _____ _____ _____ English until we _____ to America.
(우리들은 미국에 올 때까지 영어를 공부한 적이 전혀 없었어요.)
B It's incredible. Your English is so good.

3 A Sue _____ _____ her assignments before the class _____ over.
(Sue는 수업이 끝나기 전에 과제를 끝마쳤어요.)
B Wow, I envy her. She can go to a party tonight.

D 다음 우리말과 같은 뜻이 되도록 ( ) 안에 주어진 말을 사용하여 문장을 완성하시오.

1 나는 집에 열쇠를 두고 와서 사무실에 들어갈 수 없었다. (leave, my keys)
→ I couldn't get into the office because _____ at home.

2 나는 2007년에 일본에 갔지만 그 이전에는 가 본 적이 없다. (be, never, before)
→ I went to Japan in 2007 but _____ there _____.

3 엄마가 들어오셨을 때 나는 두 시간 동안 피아노를 치고 있었다. (play)
→ When my mom came in, _____ for two hours.

UNIT 09 미래완료
Future Perfect

■ **미래완료의 개념**   미래완료는 미래 이전의 한 시점부터 미래까지의 기간에 걸친 동작이나 상태의 '계속 · 경험 · 완료 · 결과'를 나타내며, 미래의 특정 시점이 될 때까지 지속될 일이나 결과 등을 추측할 때 사용된다.

현재 ── 미래완료 ── 미래

Jeff lives
in Chicago.

Jeff will have lived
in Chicago by next year.

Jeff will live
in Chicago next year.

미래완료의 형태	예문	주로 함께 쓰이는 어구
will+동사원형 + have + p.p. will have p.p.	You **will have bought** the car by this weekend. The student **will have read** the book by tomorrow. Jack **will have paid** back your money by the time you return.	by+미래 시간 by the time+S+V

●●● 미래완료 시제는 현재에서부터 미래의 어떤 시점에 이르기까지 앞으로 이루어질 일을 나타내는 것이므로, 미래의 기준 시점을 나타내는 말과 함께 쓰여야 한다.

by+미래 시간	I will have saved enough money **by next year**. (나는 내년까지는 충분한 돈을 모아놓았을 것이다.)
by the time+S+V	They shall have mastered English **by the time** they return. (그들이 돌아올 때쯤이면 그들은 영어를 마스터해 놓았을 것이다.)

■ **미래완료의 긍정문**   미래완료 긍정문은 「주어+will+have+p.p.」의 형태로, '~했을 것이다'의 의미이다.

기본 형태	예문
미래완료 긍정문 주어+will+have+p.p.	They **will have been** married for ten years next year. 내년이 되면 그때까지 10년 동안 결혼 생활을 했을 것임 Dad **will have stayed** in the hospital for a month by tomorrow. 내일까지 병원에 머무르게 되면 한 달이 될 것임 I **will have read** it three times if I read it again. 한 번 더 읽으면, 3번 읽는 것이 될 것임 If you say it again, you **will have given** me the same advice ten times. 한 번 더 충고하면 10번 말한 것이 됨

■ **미래완료의 부정문과 의문문**   미래완료 부정문은 not을 will 뒤에 넣어 「주어+will+not+have+p.p.」의 형태로 쓰고, 의문문은 will이 주어 앞으로 와 「Will+주어+have+p.p.~?」의 형태로 쓴다.

기본 형태	예문
미래완료 부정문 주어+will+not+have+p.p.	The TV show **will not have ended** by that time. 그 시점에 끝나지 않을 것임 I think he **will not have arrived** at work by then. 미래의 그 시점에 아직 업무 복귀하지 못할 것임
미래완료 의문문 Will+주어+have+p.p. ~?	When I awake, **will** these fantasies **have gone**? 환상이 지난 상태일지 추측 When we arrive here, **will** Thomas **have** already **left**? Thomas가 가고 없을 것인지 추측

EXERCISE

A 다음 ( ) 안에서 알맞은 말을 고르시오.

1 If I read the book again, I will (read, have read) it more than ten times.

2 Next year my parents (have been, will have been) married for thirty years.

3 By the time you arrive in Chicago, Debbie (left, will have left) for Miami.

B 다음 문장의 밑줄 친 부분을 바르게 고쳐 쓰시오.

1 She has taught English for ten years next year.

2 I have been to Mexico three times if I go there this month.

3 Next month five years have passed since my father became a boss.

C 다음 ( ) 안에 주어진 단어를 알맞게 바꿔 대화를 완성하시오.

1 A We _____ _____ _____ each other for eight years next year. (know)

   B Yes, time flies.

2 A If I go to the U.K. again, I _____ _____ _____ there three times. (be)

   B Why do you visit there so often?

3 A By the time they return, they _____ _____ _____ from head to toe. (change)

   B I hope so. They need to change themselves.

4 A I think we _____ _____ _____ studying for the test by that time. (finish)

   B Then, let's go out and get a bite to eat.

D 다음 우리말과 같은 뜻이 되도록 빈칸에 알맞은 말을 쓰시오.

1 다음 달이면 나는 모든 빚을 다 갚았을 것이다.
   → By next month I _____ _____ _____ all my debt.

2 Neil은 내일 오후 9시까지는 런던에 도착해 있을 것이다.
   → Neil _____ _____ _____ in London by 9 p.m. tomorrow.

3 모든 학생들이 오늘 오후까지는 입학 면접을 마칠 것이다.
   → All the students _____ _____ _____ an entrance interview by this afternoon.

01 다음 문장의 빈칸에 알맞은 말은?

> Joan didn't know where to go because she
> _____ the map.

① lost   ② was lost   ③ has lost
④ had lost   ⑤ had been lost

02 다음 두 문장의 빈칸에 공통으로 들어갈 알맞은 말은?

> • We _____ walking for an hour when she stopped us.
> • He said that he _____ to Paris several times.

① have   ② had   ③ had been
④ had gone   ⑤ was

03 다음 두 문장을 한 문장으로 만들 때 빈칸에 알맞은 말을 쓰시오.

> The movie started at seven. We got to the theater at seven ten.
> → When we got to the theater, the movie _____.

[4~6] 다음 우리말을 영어로 옮길 때 빈칸에 알맞은 말을 고르시오.

04

> Julie가 왔을 때, 엄마는 저녁 내내 요리하고 계셨다.
> → When Julie came, Mom _____ all evening.

① has cooked   ② was cooking
③ had cooked   ④ has been cooking
⑤ had been cooking

05

> 내가 지갑을 열었을 때, 나는 신용 카드를 잃어버린 것을 발견했다.
> → When I opened my wallet, I _____ that I _____ my credit card.

① found – lost   ② found – have lost
③ found – had lost   ④ had found – had lost
⑤ have found – had been losing

06

> 우리들은 그 전날 잠을 전혀 못 자서 너무 졸렸다.
> → We were so sleepy because we _____ the day before.

① don't sleep at all   ② didn't sleep at all
③ haven't slept at all   ④ hadn't slept at all
⑤ wasn't sleeping at all

07 다음 ( ) 안에 주어진 말을 사용하여 문장을 완성하시오.

> All the people were so full because they
> _____.
> (just, have big lunch)

08 다음 중 밑줄 친 부분의 쓰임이 <u>어색한</u> 것은?

① Jane <u>had been crying</u> when I opened the door.
② He <u>had been waiting</u> for you until you came back.
③ Mr. White <u>had been knowing</u> her since kindergarten.
④ They <u>had been discussing</u> the solution to the problem for an hour.
⑤ She <u>had been running</u> to school when we saw her.

[9~10] 다음 대화의 빈칸에 가장 알맞은 것을 고르시오.

09

A Did you see Christina when you went to the party?
B No, unfortunately, _____.

① she went home
② she was going home
③ she has gone home
④ she had gone home
⑤ she had been going home

10

A Have you seen Miranda lately?
B Yes, I saw her the other day. She said that _____ since last month.

① she worked out
② she has worked out
③ she had worked out
④ she has been working out
⑤ she had been working out

[11~12] 다음 글을 읽고, 물음에 답하시오.

I thought I ①had preparedall for my dinner party last night. I ②had sent invitations to my boss and all the people in my office. I ③had looked through several cookbooks and prepared to cook dinner. As soon as my doorbell ④had rang, however, I found that I ⑤had forgotten to turn on the oven.

11 위 글의 밑줄 친 ①~⑤ 중 어색한 것은?

①   ②   ③   ④   ⑤

12 위 글의 뒷부분에 나타난 I의 심경으로 알맞은 것은?
① 편안하다   ② 만족스럽다   ③ 쓸쓸하다
④ 당혹스럽다   ⑤ 지루하다

13 우리말을 영어로 옮길 때 빈칸에 알맞은 말을 쓰시오.

내가 Mindy에게 물었을 때, 그녀는 두 달간 여행을 해 왔다고 말했다.
→ When I asked Mindy, she said that she _____ _____ _____ for 2 months.

[14~15] 다음 밑줄 친 ①~⑤ 중 어색한 것을 고르시오.

14

An Indian farmer who kept elephants ①discovered that his elephants were eating his bananas at night. He ②decided to tie bells on them. Then he thought he could drive them away. A few mornings later, however the bananas were all gone, though he ③has heard nothing at night. When he checked the elephants, he found that they ④had played a trick on him. They ⑤had filled the bells with mud so that they could not make any noise!

15

The little tree ①was pulled up by the storm. It ②had once stood at the side of their house. How Sophie ③had loved it! Her husband, Greg, looked sad and angry. He said to her, "Look, Sophie. Your tree is still alive ④with no doubt! Just as alive as you are! We ⑤hadn't lost it. Let's plant it on that corner of our land. Right over there!"

다음 ( ) 안에서 알맞은 말을 고르시오.

1 He said that he (bought, had bought) a new cell phone.

2 When I got to the station, they (have already left, had already left).

3 The novel written by him (will, was) be very exciting.

4 If I go to Japan again, I (will visit, will have visited) three times.

다음 문장의 빈칸에 ( ) 안의 단어를 알맞은 형태로 바꿔 쓰시오.

1 We learned that Columbus _____ America in 1492. (discover)

2 I found that I _____ _____ my homework behind at home. (leave)

3 When I opened the door, he _____ _____ _____ since morning. (sleep)

4 Look at the dark clouds. It _____ _____ _____ _____ soon. (rain)

5 Don't answer the phone. Dad _____ _____ it. (answer)

다음 문장의 빈칸에 알맞은 것을 고르시오.

1 I recognized his sister, because I _____ her before.
① was seeing   ② have seen   ③ had seen

2 When he called me, I _____ a newspaper.
① have read   ② had been reading   ③ have been reading

3 The room was clean. Somebody _____ it.
① already cleaned   ② have already cleaned   ③ had already cleaned

4 It's ten o'clock already. The movie _____ by now.
① start   ② will start   ③ will have started

D 다음 문장의 **틀린** 부분을 바르게 고쳐 문장을 다시 쓰시오.

1 Suddenly I found out that I have made a big mistake.

→ _____

2 When I had got home, everybody had gone out.

→ _____

3 When we arrived at the theater, all the tickets were sold out.

→ _____

4 When will the train leave tomorrow afternoon?

→ _____

5 They will be married for two years by then.

→ _____

E 다음 우리말과 같은 뜻이 되도록 빈칸에 알맞은 말을 쓰시오.

1 나는 그들이 많이 변했다고 느꼈다.

→ I felt that they _____ _____ a lot.

2 우리가 할머니를 방문했을 때, 그녀는 일주일 동안 아팠었다.

→ When we visited our grandmother, she _____ _____ ill _____ a week.

3 그들은 언제 떠날 예정이니?

→ When are they _____ _____ _____?

4 내가 문을 열었을 때, 그는 하루 종일 TV를 보고 있는 중이었다.

→ When I opened the door, he _____ _____ _____ TV all day.

5 내가 좋아하는 프로그램은 그때쯤이면 끝나 있을 것이다.

→ My favorite program _____ _____ _____ by that time.

6 엄마가 나에게 전화했을 때, 나는 시험 공부를 밤새 하던 중이었다.

→ When Mom called me, I _____ _____ _____ for the test all night.

01 다음 문장의 빈칸에 알맞지 <u>않은</u> 말은?

> I have met the actress in person _____.

① before ② last week
③ many times ④ for a long time
⑤ once or twice

[2~3] 다음 우리말을 영어로 옮길 때 빈칸에 가장 알맞은 말을 고르시오.

02

> 나는 이 운동화를 3년째 신고 있다.
> → I _____ these running shoes for three years.

① wear ② am wearing
③ have worn ④ had worn
⑤ had been wearing

03

> 네가 여기 올 때쯤이면, 우리는 가고 없을 거야.
> → By the time you come here, we _____.

① are going
② are going to go
③ have gone
④ will be going
⑤ will have gone

04 다음 문장의 빈칸에 들어갈 말이 바르게 짝지어진 것은?

> • We have been waiting for you _____ two hours.
> • We have been studying for the test _____ last week.

① by – until ② by – since
③ until – for ④ for – since
⑤ since – for

[5~6] 다음 중 밑줄 친 부분이 어법상 <u>어색한</u> 것을 고르시오.

05 ① Susan <u>has been teaching</u> for ten years.
② We <u>have been</u> close friends since we were teens.
③ Stella <u>has been working</u> for the bank since last year.
④ I <u>have been seeing</u> Johnson since middle school.
⑤ Judy and I <u>have kept</u> in touch for twelve years.

06 ① They <u>will have lived</u> in Beijing for two years by next year.
② Nancy <u>has been crying</u> since last night.
③ My grandfather <u>had died</u> yesterday.
④ How long <u>have</u> you <u>driven</u> a truck?
⑤ The house my uncle <u>had built</u> was burnt this morning.

[7~8] 다음 우리말을 영어로 옮길 때 빈칸에 알맞은 말을 쓰시오.

07

> Britney는 어제 인터뷰에서, Justin과 함께 일 년 동안 봉사활동을 해 왔다고 말했다.
> → At the interview yesterday, Britney said that she _____ _____ _____ volunteer work with Justin for a year.

08

> 내가 캐나다에 다시 가면, 세 번째 가는 셈이 된다.
> → If I go to Canada again, I _____ _____ _____ there three times.

09 다음 두 문장을 한 문장으로 만들 때 빈칸에 가장 알맞은 것은?

> Carrie and Vic got engaged two years ago. They are still engaged to each other now.
> → Carrie and Vic _____ to each other for two years.

① are engaged
② were engaged
③ have been engaged
④ have been engaging
⑤ had been engaged

10 다음 두 문장을 한 문장으로 만들 때 빈칸에 알맞은 말을 쓰시오.

> Stanley started to exercise two hours ago. And he is still exercising in the gym.
> → Stanley _____ _____ _____ for two hours in the gym.

11 다음 〈보기〉의 밑줄 친 부분과 그 쓰임이 같은 것은?

> 보기 Have you ever seen a space shuttle?

① She has never been to China.
② I've been depressed since yesterday.
③ They have just done their project.
④ My sister has eaten all the fruit.
⑤ We have lived here for twenty years.

[12~14] 다음 문장의 빈칸에 가장 알맞은 말을 고르시오.

12

> When I opened my wallet, I found someone _____ my money.

① steals
② stole
③ was stealing
④ has stolen
⑤ had stolen

13

> When I came home, Dad _____ until then.

① slept
② was sleeping
③ has slept
④ had slept
⑤ had been sleeping

14

> By the time you return, I _____ the house.

① cleaned
② was cleaning
③ have cleaned
④ had cleaned
⑤ will have cleaned

15 다음 우리말을 영어로 옮길 때 빈칸에 알맞은 말은?

> Debbie는 그 전날 밤을 새서 너무나 피곤했다.
> → Debbie felt so tired because she
> _____ the day before.

① sits up all night
② sat up all night
③ was sitting all night
④ has sat up all night
⑤ had sat up all night

16 다음 우리말을 영어로 바르게 옮긴 것은?

> 당신은 한국에 오신 지 얼마나 되셨나요?

① How long were you in Korea?
② How long did you come to Korea?
③ How long had you been in Korea?
④ How long have you been in Korea?
⑤ How long have you gone to Korea?

17 다음 밑줄 친 ①~⑤ 중 어법상 어색한 것은?

> My uncle is a lawyer. He ①made me change. I ②made a plan of what I wanted to become in five years. I ③had a dream of my future. So I made a list of what I should do and I ④kept a diary since then. I ⑤read my diary and it gives me hope.

18 다음 대화 중 어법상 어색한 문장은?

> A ① I have made Yumi upset. She doesn't want to talk to me any more. I'm so worried.
> B Oh, that's too bad, Minho.
> A Jenny, ② I don't know what to do.
> B Well.... Tell her, "I'm so sorry."
> A OK. ③ I'll take your advice. ④ Could you do me a favor?
> B Sure, what is it?
> A ⑤ I have been finishing a letter by morning. Please give the letter to Yumi, will you?
> B Sure, I will.

[19~20] 다음 글을 읽고, 물음에 답하시오.

> A mother was very angry with her son. "You _____ math for two years until now and you can count only up to ten. I can't understand. Don't you think you should study harder? What will you be in the future when you grow up?" the mother said angrily. "Well, I want to be a boxing referee," answered the son proudly.

19 위 글의 빈칸에 가장 알맞은 것은?

① are learning   ② will be learning
③ had learned   ④ have been learning
⑤ had been learning

20 위의 글에서 아들의 대답을 들은 엄마의 기분으로 알맞은 것은?

① 흐뭇하다   ② 황당하다   ③ 우울하다
④ 행복하다   ⑤ 초조하다

WRITING  TIME

A 다음 문장의 <u>틀린</u> 부분을 바르게 고쳐 문장을 다시 쓰시오.

1 I have seen the movie last night.

➡ _____

2 When have you decided to sell your car?

➡ _____

3 We have been knowing each other for a year.

➡ _____

B 다음 두 문장이 같은 뜻이 되도록 빈칸에 알맞은 말을 쓰시오.

1 We began to live here ten years ago. We're still living here.

➡ We _____ _____ _____ here _____ ten years.

2 It began to snow last night. It's still snowing now.

➡ It _____ _____ _____ _____ last night.

C 다음 지시하는 내용에 따라 주어진 글을 완성하시오.

1 다음 ( ) 안에 주어진 단어를 사용하여 David의 소개글을 완성하시오.

David _____ _____ in Seattle in 1990. (bear) He _____ in Seoul now. (live) He _____ _____ here for three years. (live) He has many friends in Korea. He really _____ _____ take pictures of nature. (like) He _____ _____ _____ _____ and take pictures of fall next weekend. (travel)

2 위의 완성된 글을 활용하여 자신에 대한 소개글을 완성하시오.

I _____ _____ in _____ in _____. I _____ in _____ now. I _____ _____ here for _____ years. I have many friends. I really like to _____. I _____ _____ _____ next weekend.

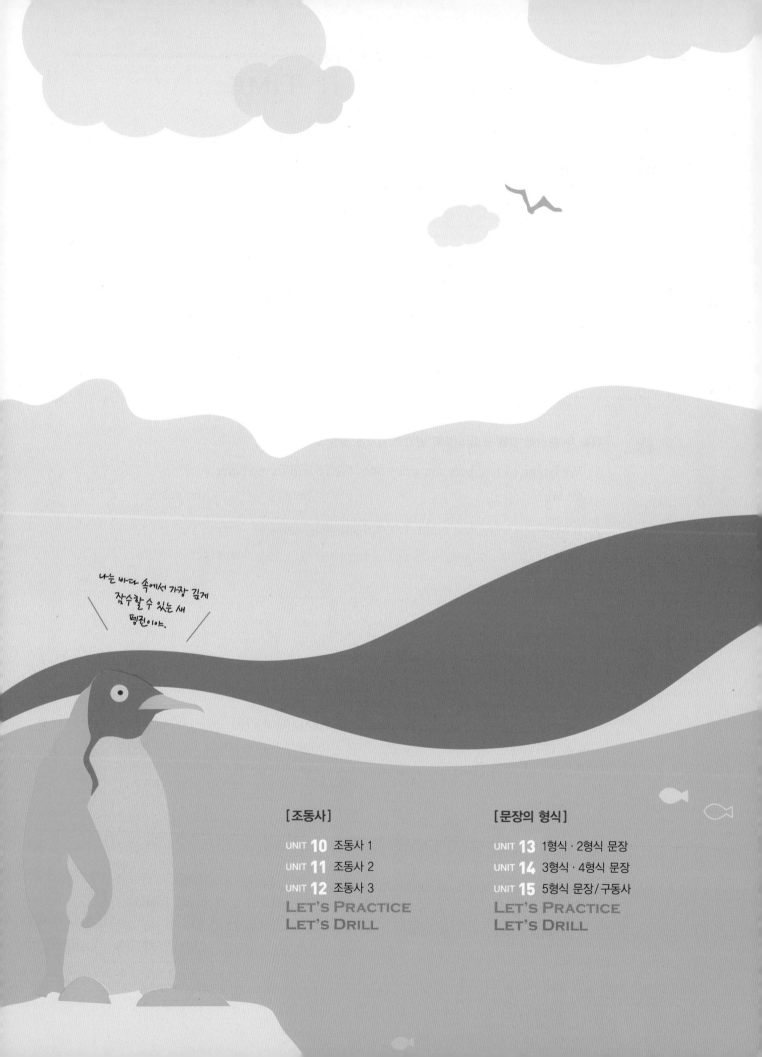

나는 바다 속에서 가장 깊게
잠수할 수 있는 새
펭귄이야.

[조동사]

UNIT **10** 조동사 1

UNIT **11** 조동사 2

UNIT **12** 조동사 3

LET'S PRACTICE
LET'S DRILL

[문장의 형식]

UNIT **13** 1형식 · 2형식 문장

UNIT **14** 3형식 · 4형식 문장

UNIT **15** 5형식 문장/구동사

LET'S PRACTICE
LET'S DRILL

CHAPTER II

[형용사와 부사]

UNIT **16** 부정 수량형용사
UNIT **17** 형용사 역할을 하는 분사
UNIT **18** 부사
LET'S PRACTICE
LET'S DRILL

[비교급과 최상급]

UNIT **19** 원급 비교
UNIT **20** 비교급 / 최상급
UNIT **21** 최상급
LET'S PRACTICE
LET'S DRILL

REVIEW TEST

WRITING TIME

UNIT 10 조동사 1

Auxiliary: can, will, may, must, should

조동사는 본동사와 함께 쓰여 문장에서 문법적인 역할을 하거나, 동사의 의미를 보충하는 역할을 한다. 문법적 요소로 쓰이는 조동사로는 do(부정문/의문문), be(진행형/수동태), have(완료형) 등이 있고, 동사의 의미를 보충하는 조동사로는 can, will, may, must, should 등이 있다.

■ can / will / may

TIP 능력/가능을 나타내는 be able to와 미래를 나타내는 be going to는 주어에 따라 동사 변화한다.
ex. am[are/is] able to(현재), was[were] able to(과거), will be able to(미래), am[are/is] going to

조동사	쓰임		예문
can	능력/가능	(~할 수 있다)	Marco **can** play the flute very well. (= is able to)
	허가	(~해도 좋다)	You **can** use my laptop on weekends.
	요청	(~해 주세요)	**Can** you help me with my math homework? (= Could)
	강한 의심	(~일 수 있다)	**Can** news be true?
	부정적 추측	(~일 리 없다)	Jenna **cannot** be a spy.
will	막연한 예측	(~일 것이다)	The bridge **will** be completed someday.
	주어의 의지	(~할 것이다)	We **will** visit my grandparents this Sunday. (= are going to)
	제안/요청	(~해 주시겠어요?)	**Will** you carry this bag for me? (= Would)
may	약한 추측	(~일지 모른다)	Mark **may** come to your birthday party.
	허가	(~해도 좋다)	You **may** choose what you like. (= can)

● ● ● 조동사는 항상 같은 형태로 쓰이며 뒤에는 동사원형이 온다.

TIP Sumi cans speak Japanese. (×)
Sumi can speaks Japanese. (×)

Sumi **can** *speak* Japanese.   It will **be** *fine* tomorrow.   You **may** *go* there.

■ must / should

둘 다 '~해야 한다'고 해석되지만, must는 반드시 해야 하는 의무 또는 경고를 나타내는 반면, should는 행하는 것이 좋거나 도덕적으로 마땅히 해야 하는 관습을 나타낸다.

조동사	쓰임	예문
must	의무/경고 (~해야 한다)	You **must** come back home by ten. (= have to)
	강한 추측 (~임에 틀림없다)	The man **must** be an engineer.
should	비강제적인 도덕적 관습 (~해야 마땅하다)	We **should** respect the elderly. (= ought to)
		We **should** be kind to others.
		We **should** not be rude to others.

● ● ● must, should의 부정

TIP 의무를 나타내는 have to는 주어에 따라 동사 변화한다.
ex. have[has] to(현재), had to(과거), will have to(미래)
ought to는 조동사이므로 동사 변화하지 않는다.
ex. oughts to (×)

① must not : ~해서는 안 된다

You **must not** cross the street here. ≠ You **don't have to** cross the street here.

cf. have to는 must와 같이 '~해야 한다'는 뜻이지만 부정 표현인 don't have to(= need not)는 '~할 필요 없다'는 뜻이 되므로 주의해야 한다. don't have to ≠ must not

② cannot : ~일 리 없다

추측의 must(~임에 틀림없다)의 부정은 부정적 추측의 cannot(~일 리 없다)이다.

He **must** be a lawyer. ↔ He **cannot** be a lawyer.

③ should not : ~해서는 안 된다

ought to의 부정인 ought not to는 should not과 같은 의미로 쓰인다.

You **should not** make noises in the library. = You **ought not to** make noises in the library.

A 다음 ( ) 안에서 알맞은 말을 고르시오.

1 Norah (will, cannot) do her best in order to win the match.

2 Gary (must, must not) go outside. His condition is not good yet.

3 Stella (cannot, ought to) be at home now. I just saw her at the shopping mall.

4 You (should, don't have to) go there because the store is closed.

B 다음 문장을 ( ) 안의 지시대로 바꿔 쓰시오.

1 The man could build the house alone. (be able to를 이용)

→ _____

2 Will they visit America next month? (be going to를 이용)

→ _____

3 The doctor must examine a lot of patients every day. (have to를 이용)

→ _____

4 You should keep the safety rules in the swimming pool. (ought to를 이용)

→ _____

C 다음 대화의 빈칸에 가장 알맞은 조동사를 쓰시오.

A _____ I come back home by seven?

B Yes, you have to. Did you forget we have a party tonight?

A Oh, I'm awfully sorry. I almost forgot.

B That's OK, but I _____ forgive you if you are late.

D 다음 ( ) 안에 주어진 말을 사용하여 우리말을 영작하시오.

1 그 이야기는 거짓일 리 없다. (story, false)

→ _____

2 너는 내 우산을 사용해도 된다. (use, umbrella)

→ _____

3 그는 세차할 필요가 없다. (wash the car)

→ _____

UNIT **11** 조동사 2

Auxiliary: have to/ought to,
would/used to

■ **have to/**
  ought to

have to와 ought to는 '~해야 한다'는 의미로 뒤에 동사원형이 오며, have to가 강제성이 더 강하다.

조동사	부정 표현	예문
have to	don't have to (= need not)	People **have to** obey the safety rules. I **had to** study hard all day long yesterday. Daniel **doesn't have to** clean his room today. Do I **have to** return the book right now?
ought to	ought not to (= should not)	Students **ought to** respect their teachers. You **ought not to** make fun of others.

●●● have to의 부정인 don't have to는 '~할 필요 없다'는 뜻이므로 '~해서는 안 된다'라고 강한 금지를 표현할 때에는
must not을 사용해야 한다.

You **don't have to** attend the meeting today. (너는 오늘 그 회의에 참석할 필요가 없다.)

You **must not** attend the meeting today. (너는 오늘 그 회의에 참석해서는 안 된다.)

●●● have to는 주어의 인칭과 시제에 따라 형태가 변화한다.

	긍정형	부정형	의문형
현재형	have[has] to	don't(=doesn't) have to	Do[Does]+주어+have to ~?
과거형	had to	did not(=didn't) have to	Did+주어+have to ~?
미래형	will have to	will not(=won't) have to	Will+주어+have to ~?

(TIP) • must는 명령의 성격이 강하고, have to는 상황 때문에 필연적으로 해야 하는 의무의 성격이 강하다.
     • 강제성의 정도 비교 : must > have to > ought to > should(특히 should와 ought to는 충고와 제안, 당위의 의미가 강하다.)

■ **would/**
  used to

'~하곤 했다'는 의미의 would와 used to는 둘 다 현재까지 지속되지 않는 과거의 반복적인 행동을 나타
내는 말이다. 다만, would는 과거의 행동만을 나타내는 반면, used to는 행동, 상태를 모두 나타낸다.

조동사	쓰임	예문
would	과거의 반복적인 행동	My uncle **would** go fishing to the river near his house. Kelly **would** go to the amusement park with her brother. The restaurant **would** be quiet. (×)
used to	과거의 반복적인 행동 과거의 반복적인 상태	Adam **used to** like Madonna in his teenage years. I **used to** play with a boomerang with Dad. There **used to** be a bookstore around here. The restaurant **used to** be quiet. (○)

●●● 주의해야 할 used to 표현

① be used to+명사/동명사 : ~에 익숙하다

We **are used to** cold weather.

Kara **was used to** getting up early in the morning.

② be used to+동사원형 : ~하는 데 이용되다(수동태)

Chopsticks **are used to** eat food in Korea.
                        └to부정사

EXERCISE

A 다음 ( ) 안에서 알맞은 말을 고르시오.

1 Dorothy is used to (use, using) her right hand than her left.

2 You (don't have to, ought not to) copy the homework because it is bad.

3 James (used to, was used to) read a book under a huge tree over there, but the tree isn't there any more.

4 Don (has to, doesn't have to) clean the fish tank. His father has already done it.

B 다음 문장을 ( ) 안의 지시대로 바꿔 쓰시오.

1 I have to read this book today. (과거 시제로)

→ _____

2 Thomas ought to attend the meeting. (부정문으로)

→ _____

3 There was a pond near here, but not now. (used to를 이용한 문장으로)

→ _____

4 O'hara walks her dog every evening. ('~에 익숙하다' 는 내용으로)

→ _____

C 다음 대화의 빈칸에 가장 알맞은 조동사를 쓰시오.

A You look depressed today. What's wrong?

B I argued with my big sister.

A I know how you feel. When I was young, I _____ fight with my big brother, too. But you _____ be nicer to your big sister.

B Maybe you are right. I'll try.

D 다음 우리말과 같은 뜻이 되도록 빈칸에 알맞은 말을 쓰시오.

1 Alex는 그의 어머니를 돌봐드려야 했다.

→ Alex _____ _____ _____ care of his mother.

2 우리는 이 건물 안에서 흡연해서는 안 된다.

→ We _____ _____ to _____ inside this building.

3 James는 일요일마다 자원봉사를 하곤 했다.

→ James _____ _____ _____ every Sunday.

4 우리 할머니는 문자 메시지 보내는 것에 익숙하지 않으시다.

→ My grandmother isn't _____ _____ _____ text messages.

조동사 3

Auxiliary: would like to, would rather, had better

■ would like to

would like to는 '~하고 싶다'는 의미로 want to와 비슷하지만 그보다 더 정중한 표현 방식이다. would like to 뒤에는 동사원형이 와서 「would like to＋동사원형」으로 쓴다. 'd like to로 줄여 쓰기도 한다.

조동사	쓰임	예문
would like to	바람, 소망 (~하고 싶다)	**I'd like to** take a trip. Anthony **would like to** see you. They **would not like to** drink coffee.
Would you like to ~?	공손한 제안, 권유 (~해도 될까요?)	**Would you like to** go to the movies with me tonight? **Would you like to** sit down here?

●●● would like 뒤에 동작을 나타내는 to부정사 대신 간단히 명사가 올 수도 있다. 의문문에서도 마찬가지다.

I **would like** some tea. = I **would like to** drink some tea.
Would you like another cup of coffee? = **Would you like to** drink another cup of coffee?

●●● 「would like＋목적어＋to부정사」의 형태로 쓰면 '…가 ~하기를 바라다'는 의미가 된다.

I'd like you **to** come to my party.
I'd like you **to** meet Collin as soon as possible.

■ would rather

would rather A (than B)의 형태로 쓰여 '(B하느니 차라리) A하는 것이 낫겠다'라는 의미로, 주어는 보통 I일 때가 많으며, A, B에는 동사원형이 온다.

조동사	부정 표현	예문
would rather	would rather not	I **would rather** stay here than meet him. **I'd rather** take a bus than walk. **I'd rather not** go there.

■ had better

had better는 '~하는 것이 좋겠다'라고 해석되지만, 상대방에게 강한 권고나 경고를 나타내는 표현으로 뒤에 동사원형이 온다. **TIP** 의무의 강도 : must＞have to＞<u>had better</u>＞ought to＞should

조동사	부정 표현	예문
had better	had better not	We **had better** keep quiet. You**'d better** go to see a doctor. He**'d better not** say anything.

●●● had better는 '그렇게 하지 않으면 곤란해진다'라는 의미가 포함되어 있는 권고의 표현으로, 부정은 had better not 이다.

You**'d better** work harder. (Otherwise you may be fired.)
Sarah **had better not** be late again. (Otherwise she may be in trouble.)

EXERCISE

A 다음 ( ) 안에서 알맞은 말을 고르시오.

1 I (would rather, had better) get an F than cheat on the test.

2 You (had better, had better not) go to the party. You have a headache.

3 I (must not, would like to) meet Ryan as soon as possible.

4 You (would like to, had better) not wear a jacket. It's pretty hot at midday.

B 다음 문장에서 <u>틀린</u> 부분을 찾아 바르게 고쳐 쓰시오.

1 Charlotte would like to working for this company.

2 My daughter had better staying home because she needs a rest.

3 I would not rather go to the movies tonight.

4 Would you like read my book?

C 다음 대화의 빈칸에 가장 알맞은 조동사를 쓰시오.

A Oh, Ryan, you're driving too fast. You _____ _____ slow down.
B I know, but we're late for the concert.
A If you don't slow down, I _____ _____ walk.
B OK. I'll slow down.

D 다음 우리말과 같은 뜻이 되도록 빈칸에 알맞은 말을 쓰시오.

1 Adam은 Eve와 유럽 여행을 하고 싶어 한다.
  → Adam _____ _____ _____ _____ _____ with Eve.

2 너는 이 약을 먹는 것이 좋겠다.
  → You _____ _____ _____ this medicine.

3 나는 등산을 하니 차라리 집에서 쉬겠다.
  → I _____ _____ _____ at home _____ _____ a mountain.

4 너는 그런 종류의 옷을 입지 않는 게 좋겠다.
  → You _____ _____ _____ _____ those kind of clothes.

01 다음 우리말과 같은 뜻이 되도록 할 때 문장의 빈칸에 알맞은 것은?

> You _____ take the chance at that time.
> (너는 그때 기회를 잡았어야 했다.)

① had better   ② would like to
③ are used to   ④ didn't have to
⑤ had to

02 다음 문장에 not이 들어갈 알맞은 위치를 고르시오.

I'd ① rather ② go ③ on ④ a business trip ⑤.

[3~4] 다음 문장의 밑줄 친 부분과 바꾸어 쓸 수 있는 것을 고르시오.

03
> Katie <u>must</u> finish her report by this Friday.

① have to   ② has to
③ would rather   ④ used to
⑤ ought not to

04
> You <u>should</u> be quiet during class.

① had better   ② ought to
③ used to   ④ would rather
⑤ would like to

05 다음 문장을 부정문으로 고칠 때 바르지 <u>않은</u> 것은?

① It will rain this evening.
   → It won't rain this evening.
② We had better exchange this watch.
   → We had better not exchange this watch.
③ Brian ought to go to the park.
   → Brian ought to not go to the park.
④ Emily would rather water the flowers.
   → Emily would rather not water the flowers.
⑤ You should break your promise with him.
   → You shouldn't break your promise with him.

06 다음 중 어법상 옳은 문장은?

① Samantha had not better follow the rules.
② You ought to exercising more often.
③ I would rather dying than live in dishonor.
④ Children should not watch TV after 10 P.M.
⑤ Our soccer team used to playing a game on Sundays.

07 다음 빈칸에 공통으로 들어갈 알맞은 것은?

> • _____ you like to drink some coffee?
> • My dad _____ cook for us at that time.

① would   ② could   ③ might
④ must   ⑤ should

08 다음 중 밑줄 친 may의 의미가 나머지와 다른 것은?

① May I see your passport?
② You may leave here now.
③ The box may fall down in a minute.
④ May I borrow your cookbook?
⑤ Jackson may share my room if he wants.

09 다음 대화의 빈칸에 알맞은 말을 쓰시오.

A Why have you brought your little brother to the library?
B I _____ _____ take care of him today.
A Why?
B Mom is visiting our grandpa. He is ill.

10 다음 두 문장이 같은 뜻이 되도록 빈칸에 알맞은 말을 쓰시오.

Can you walk straight with one eye closed?
→ _____ you _____ _____ _____ straight with one eye closed?

11 주어진 단어를 배열하여 자연스러운 문장을 만드시오.

(with / travel to / would / I / to / like / Africa / you)
→ _____

12 다음 우리말을 영어로 옮기시오.

Miranda는 그 가방을 살 필요가 없었다.
→ _____

13 다음 문장을 부정문으로 바꿔 쓰시오.

Harry must be a lawyer in that law firm.
(Harry는 저 법률 회사의 변호사임에 틀림없다.)
→ _____

14 다음 대화에서 틀린 부분을 찾아 바르게 고쳐 쓰시오.

A Excuse me. Is there a flower shop around here?
B I'm not sure but there may be one on the 5th street.
A How can I get there?
B Go straight four blocks or take a bus.
A I would rather take a bus than walking.

_____ → _____

15 다음 글의 빈칸에 알맞은 말을 쓰시오.

When I was in elementary school, I lived in Canada. I lived in a beautiful village. There _____ _____ be an old tree in front of my house. It was one hundred years old. I would sleep under the tree on a hot day. I miss it.

다음 ( ) 안에서 알맞은 말을 고르시오.

1 I thought you (will, would) finish the project within a week.

2 He (must be, doesn't have to) the owner of this house.

3 Jina will (sing, to sing) a song for us.

4 We (should, shouldn't) cross at the crosswalk.

다음 문장의 빈칸에 알맞은 것을 고르시오.

1 Will you _____ me do this homework?
　① helped　　　　　　② helping　　　　　　③ help

2 Joshua _____ make a model airplane.
　① can　　　　　　　② was　　　　　　　　③ is

3 We have to _____ poor people.
　① help　　　　　　　② helping　　　　　　③ helps

다음 두 문장이 같은 뜻이 되도록 빈칸에 알맞은 말을 쓰시오.

1 Parents must teach their children manners.
　→ Parents _____ _____ teach their children manners.

2 Dorothy will leave this city tonight.
　→ Dorothy _____ _____ _____ leave this city tonight.

3 Rich people should help poor people.
　→ Rich people _____ _____ help poor people.

4 Jane can play the cello very well.
　→ Jane _____ _____ _____ play the cello very well.

D 다음 문장의 **틀린** 부분을 바르게 고쳐 문장을 다시 쓰시오.

1 You ought to not waste money on luxurious things.

→ _____

2 I wouldn't rather join the camping trip.

→ _____

3 Christina used go to church on Sundays.

→ _____

4 You should keeping the safety rules in the swimming pool.

→ _____

5 I admit that you can get angry with Dan. But you'd better to say nothing.

→ _____

6 The workers not must work till late at night.

→ _____

E 다음 우리말과 같은 뜻이 되도록 빈칸에 알맞은 말을 쓰시오.

1 오늘 근사한 식당에서 저녁 식사를 하시겠습니까?

→ _____ you _____ _____ have dinner at a nice restaurant today?

2 Tom은 그의 나쁜 버릇을 없애는 것이 좋겠어.

→ Tom _____ _____ get rid of his bad habits.

3 네 여자 친구는 결혼 후에 너의 부모님이랑 같이 살아야 하니?

→ _____ your girlfriend have to live with your parents after marriage?

4 제 의견을 말씀드리고 싶습니다.

→ I _____ _____ to say my opinion.

5 우리는 그 파티에 초대받을지도 모른다.

→ We _____ _____ invited to the party.

UNIT 13

1형식 · 2형식 문장

S+V/S+V+C

■ **문장 성분과** 사물의 동작이나 상태를 나타내는 동사는 그 종류에 따라 뒤따르는 문장 성분이 다르다. 영어의 모든 문장은
　동사의 종류 동사에 따라 다섯 가지 문장의 형식으로 나눌 수 있다.

●●● 주어(subjects) : 동작의 주체가 되는 말로서, 주로 우리말의 '～이/가'에 해당한다.

●●● 목적어(objects) : 동사가 나타내는 동작의 대상이 되는 말로서 주로 우리말의 '～을/를'에 해당한다.

●●● 보어(complements) : 주어와 목적어의 뜻을 보충해 주는 말로서, 주어를 보충 설명하면 주격 보어(S.C.)가 되고, 목적어를 보충 설명하면 목적격 보어(O.C.)가 된다.

●●● 동사(verbs) : 목적어의 유·무에 따라 자동사/타동사, 보어의 유·무에 따라 완전동사/불완전동사로 그 종류가 나뉜다.

■ **1형식 : S+V** 　1형식은 「주어+(목적어나 보어가 필요 없는) 완전자동사(+부사구)」로 이루어진 가장 기본적인 문형이다.

동사의 종류	해당 동사	예문(S+V (+부사구))
완전자동사 (목적어 ×) (보어 ×)	live, die, cry, rain, fall, go, come, happen, occur, appear, disappear 등	It **rains** a lot. 　S　V　부사구 The baby **cried** all night. The leaves **fell** down to the ground. The accident **occurred** while the family was away.

> **TIP** 부사(구)는 문장의 형식에 영향을 미치지 않는다.

■ **2형식 :** 　2형식은 「주어+(보어가 필요한) 불완전자동사+주격 보어」로 이루어진 문형으로, 주어를 보충 설명하는
　S+V+C 　보어가 반드시 와야 한다.

동사의 종류	해당 동사		예문(S+V+C)
불완전자동사 (목적어 ×) (보어 ○)	be동사	be	My mother **is** a teacher. 　S　　V　C His brothers **were** humorous and energetic.
	상태 변화	become, turn, get, grow 등	She **became** very angry. The leaves **turn** red and yellow. Everybody **grows** old as time goes by.
	상태 유지	keep, stay, remain 등	Your business will be **kept** secret. Please **stay** calm. They **remained** silent during the conference.
	지각동사	look, taste, smell, sound 등	You **look** nice today. This food **smells** really good. What you said **sounds** strange.

●●● 2형식의 불완전자동사의 보어 자리에는 보통 명사(구)나 형용사가 오며, 부사는 올 수 없다.

　　She looked really <u>beautiful</u> that night. (○)

　　　　　→ beautifully (×)

EXERCISE

A 다음 ( ) 안에서 알맞은 말을 고르시오.

1 It rains (heavy, heavily) these days.

2 Mike was very (sick, sickly) when I visited him.

3 This herb tea tastes (sweet, sweetly).

4 Chris walked very (quick, quickly) on the crosswalk.

5 He kept (quiet, quietly) during the meeting.

B 다음 문장의 형식을 쓰시오.

1 A kite is flying in the sky.

2 They kept silent after severe quarreling.

3 To be honest, she looked terrible at the party.

4 Some insects live near the surface of the water.

5 The accident occurred while the students were away.

C 다음 대화에서 <u>틀린</u> 부분을 모두 찾아 바르게 고쳐 쓰시오.

A What are you baking? It smells sweetly.

B It's cranberry cake, my favorite. By the way, you look beautifully today. What's up?

A Actually I'm supposed to go out with Denny tonight. I'm so nervous.

B Good for you. Don't worry.

D 다음 ( ) 안에 주어진 말을 사용하여 우리말을 영작하시오.

1 나는 금요일마다 자전거 타고 학교에 간다. (go, by bike)

→ _____

2 Cindy는 오늘 너무 예뻐 보인다. (look, pretty)

→ _____

3 바다에는 많은 물고기가 살고 있다. (a lot of fish, sea)

→ _____

4 엄마의 요리는 항상 좋은 냄새가 난다. (cooking, smell)

→ _____

UNIT 14

3형식 · 4형식 문장
S+V+O/S+V+I.O.+D.O.

■ **3형식 : S+V+O** 　3형식은 「주어+완전타동사+목적어」로 이루어진 문장 형식이다.

동사의 종류	해당 동사	예문(S+V+O)
완전타동사 (목적어 ○) (보어 ×)	like, love, dislike, hate, begin, start, take, bring 등	A cat **eats** a fish. S 　 V 　 O Cathy **finished** doing her homework. We **discuss** the issue so frequently.

●●● 타동사 다음에는 목적어가 온다. 목적어로는 명사, 명사구, 명사에 준하는 동명사나 to부정사 등이 올 수 있다. 타동사 다음에는 전치사를 쓰지 않으며, '~을/를'로 해석되지 않는 목적어도 있으므로 유의한다.
　Nancy **married** Tim 10 years ago. (marry with ×)
　We **were discussing** the problem. (discuss about ×)

marry ~와 결혼하다	discuss ~에 대해 토론하다
approach ~에 다가가다	reach ~에 도착하다
enter ~로 들어가다	resemble ~와 닮다

●●● 자동사로도 쓰이고 타동사로도 쓰이는 동사들이 있는데, 이 경우 뒤에 목적어가 있는지 없는지 여부에 따라 자동사로 쓰였는지, 타동사로 쓰였는지 판단할 수 있다.
　Winter **changed** to spring gradually. (자동사 - 1형식)
　My brother **changed** his mind after graduation. (타동사 - 3형식)

open 열다/열리다	break 깨지다/깨뜨리다
fly 날다/날리다	grow 자라다/기르다
change 변하다/변화시키다	fall 떨어지다/떨어뜨리다

■ **4형식 :**　4형식은 「주어+간접목적어(~에게)+직접목적어(~을/를)」로 목적어를 2개 필요로 하는 문장 형식이다.
　S+V+I.O.+D.O.

동사의 종류	해당 동사	예문(S+V+I.O.+D.O.)
수여동사 (간접목적어 ○) (직접목적어 ○)	give, send, show, teach, buy, ask 등	My friend **gave** me a birthday gift. **TIP** indirect object (간접목적어) S 　 V 　 I.O. 　 D.O. 　 direct object (직접목적어) Mom **sent** me an e-mail. The child **asked** me a question.

●●● 3형식과 4형식의 문장 전환 : 4형식 문장의 간접목적어와 직접목적어의 순서를 바꾼 후, 간접목적어 앞에 전치사(to, for, of)를 넣어 3형식 문장으로 전환할 수 있다.

> 4형식 : S + V + I.O. + D.O.
>
> 3형식 : S + V + D.O. + to[for, of] + I.O.

전치사	동사의 종류	예문
to	give, teach, tell, send, show, lend, write	The woman **told** us an interesting story. ➡ The woman **told** an interesting story **to** us.
for	make, buy, cook, get	I **bought** her a bag. ➡ I **bought** a bag **for** her.
of	ask, inquire	Eric **asked** me a question. ➡ Eric **asked** a question **of** me.

EXERCISE

A 다음 문장의 형식을 쓰시오.

1 Amy entered the room to turn off the light.

2 Pierre resembled his grandfather.

3 Electricity gives us a lot of energy.

4 Show us your family pictures.

B 다음 문장에서 <u>틀린</u> 부분을 찾아 바르게 고쳐 쓰시오.

1 Ted and his father discussed about his school work last night.

2 My grandmother made the quilt to my mother when she got married.

3 We reached at the peak after 4 hours of climbing.

4 My friend sent a card me.

C 다음 대화를 읽고 (   ) 안에서 알맞은 말을 고르시오.

1 A Where did you get that skirt?
   B Dad bought it (for, to) me.

2 A Why are you so depressed?
   B Tony lent an MP3 (to, for) me, but I lost it.

3 A What do you think I should do?
   B Well... we need to (discuss, discuss about) the problem.

4 A The train is now (approaching to, approaching) this station.
   B It's time to say good-bye.

D 다음 (   ) 안에 주어진 단어를 사용하여 우리말을 영작하시오.

1 Robert는 그의 아내에게 노트북을 사 주었다. (buy)
   → Robert _____.

2 나는 수학 선생님께 질문을 했다. (ask)
   → I _____.

3 사람들이 우리에게 많은 책들을 보내주었다. (send)
   → People _____.

4 저에게 물 좀 갖다 주시겠어요? (get)
   → Would you _____?

5형식 문장/구동사
S+V+O+O.C./Phrasal Verbs

■ **5형식:** 5형식은 「주어+동사+목적어+목적격 보어」로 이루어진 문형으로, 목적어와 보어를 둘 다 필요로 한다.
S+V+O+O.C. 보어에는 동사원형, to부정사, 명사, 형용사 등이 올 수 있다.

동사의 종류	해당 동사	예문(S+V+O+O.C)
불완전타동사 (목적어 O) (보어 O)	지각동사	see, hear 등	I **heard** birds *sing*. S V O O.C Tony **saw** someone crossing the road. She **has seen** a woman hit by a truck.
	사역동사	make, let, have 등	Mom **made** me do the dishes. He'll **let** you go to the concert. I **had** my hair cut by that barber.
	인지동사	think, believe, consider 등	I **think** Jonathan a little weird. Everyone **believes** his faith false. People **consider** Kate very intelligent.
	소망동사	advise, ask, cause, force, get, help, tell, want 등	The doctor **advised** me to start dieting. He **told** me not to smoke indoors. My parents **want** me to major in law.
	호칭동사	call, name 등	People **call** her Cathy. I **named** her Anne.

■ **구동사** 구동사란 동사가 부사·전치사·명사 등과 결합하여 구 전체가 하나의 동사 역할을 하는 것을 말한다.

동사+전치사(분리 불가능 구동사)	동사+부사(분리 가능 구동사)
wait for, ask for, look at, look for, look after, care for	put on, take off, turn on, turn off, pick up, give up, write down, get up
Gloria **waited for** you for fifteen minutes. I **asked for** some questions about the book. **Look at** the beautiful lake over there. Mothers always **care for** their children.	**Put on** your coat. It's cold outside. Don't forget to **turn off** the light when you go out. Please **pick up** the pen for me. Will you **write down** my address?

●●● 「동사+전치사」로 이루어진 구동사는 동사와 전치사가 분리되지 않고 항상 한몸을 이루어 움직인다. 반면, 「동사+부사」로 이루어진 구동사는 분리가 가능하다.

●●● 「동사+부사」로 이루어진 구동사는 목적어의 위치에 주의한다.
① 목적어가 명사일 때는 「동사+목적어+부사」, 「동사+부사+목적어」의 어순이 가능하다.
　　Turn on the radio. (O)　　**Turn** the radio **on**. (O)
② 목적어가 대명사일 때는 「동사+목적어+부사」의 어순만 가능하다.
　　Turn it **on**. (O)　　**Turn on** it. (×)

●●● 그 밖에 「동사+부사+전치사」, 「동사+명사+전치사」로 이루어진 구동사도 있다.

look forward to ~을 고대하다	put up with ~을 참다
keep up with ~을 따라잡다	come up with ~을 생각해내다, 제안하다

A 다음 ( ) 안에서 알맞은 말을 고르시오.

1 Mark saw her (to mop, mopping) the floor yesterday.

2 Gary asked Jane (dancing, to dance) with him at the party.

3 My parents want me (to become, become) a journalist.

4 Luckily, they let her (to go, go) safely.

B 다음 문장에서 <u>틀린</u> 부분을 찾아 바르게 고쳐 쓰시오.

1 Violet saw her friend cheated on the mid-term exam.

2 Gary let me to sing in the subway this morning.

3 My parents forced me study architecture.

4 Peter made his wife happily.

C 다음 대화의 빈칸에 알맞은 말을 〈보기〉에서 골라 쓰시오.

보기	look for	try on	take off	turn on	turn off

1 A I can't find my car key. I don't remember where I put it.
   B Let's _____ _____ it together.

2 A It is too dark in this room.
   B I will _____ the light _____.

3 A This cap is pretty.
   B _____ it _____.

4 A Please _____ _____ your shoes inside.
   B Oh, sorry.

D 다음 우리말과 같은 뜻이 되도록 빈칸에 알맞은 말을 쓰시오.

1 그녀는 아들에게 테니스 동아리에 가입하라고 충고했다.
   → She _____ her son _____ _____ the tennis club.

2 길거리에서 쓰레기를 보면 그것을 주워야 한다.
   → If you see garbage on the street, you should _____ _____ _____.

3 Nancy가 우리와 함께 캠핑 가도록 해 주세요.
   → Please _____ Nancy _____ _____ with us.

01 다음 중 문장 성분이 잘못 연결된 것은?

> They saw a lot of people clapping in the stadium.

① They – 주어
② saw – 동사
③ a lot of people – 목적어
④ clapping – 주격 보어
⑤ in the stadium – 부사구

02 다음 두 문장이 같은 뜻이 되도록 빈칸에 알맞은 말을 쓰시오.

> Steven taught me how to drive.
> → Steven taught how to drive _____ _____.

03 다음 중 어법상 어색한 문장은?

① It snowed a lot last year.
② The leaves turned red and yellow.
③ My sister helped me doing my homework.
④ There is a pine tree in my garden.
⑤ The girl asked me to help her.

04 다음 중 밑줄 친 동사의 종류가 다른 것은?

① I like this comfortable chair.
② He didn't bring his homework.
③ Britney really hates loud music.
④ He became brave after the training.
⑤ Dan wrote this letter in English.

05 다음 중 밑줄 친 부분이 어법상 어색한 것은?

① We saw Judy jumping rope.
② I helped my mom to do the dishes.
③ My brother wants me to follow his footsteps.
④ They let their child going to the concert.
⑤ I heard something break loudly.

06 다음 〈보기〉와 문장 형식이 같은 것은?

> His face turned red like a tomato.

① Christy made me so angry.
② There lived an old man near the beach.
③ My aunt is a math teacher in a high school.
④ We like to cook together at home.
⑤ Jake sent me a strange text message.

07 다음 문장의 빈칸에 알맞지 않은 것은?

> That _____ wonderful to me.

① sounds   ② smells   ③ looks
④ tastes   ⑤ begins

08 다음 ( ) 안에 주어진 단어를 알맞은 형태로 바꿔 쓰시오.

> • Samuel asked Victoria _____ to the party with him. (go)
> • My parents want me _____ to college. (go)

09 다음 대화의 ( ) 안에서 알맞은 말을 고르시오.

> Son I can't understand what this article is about. Please help me.
> Mom Sorry, I can't. I'm so busy now. How about asking it (to, for, of) your dad?
> Son All right.

10 다음 글의 빈칸에 알맞은 말을 〈보기〉에서 골라 바른 형태로 쓰시오.

> 보기 help buy want for to of

> Yesterday was my sister's birthday. My mom cooked some delicious dishes _____ us. My dad _____ a big cake on the way home. I _____ Mom set the table. I gave a small present _____ my sister. We had a good time.

11 다음 대화의 밑줄 친 부분을 바르게 고쳐 쓰시오.

> Cathy Mom, I'm so thirsty.
> Mom Drink some milk on the table.
> Cathy Mom, it tastes terribly. I think it went bad.

→ _____

12 다음 중 어법상 옳은 문장은?

① Would you write down them?
② I watched the man open the door.
③ Kate married with a very rich man.
④ My boss allowed me have a long vacation.
⑤ Nancy kept silently while she was watching the movie.

13 다음 우리말과 같은 뜻이 되도록 빈칸에 알맞은 말을 쓰시오.

> 선생님은 Ally가 반 아이들 앞에서 그 이야기를 읽도록 하셨다. (have)
> → The teacher _____ _____ _____ the story in front of the class.

14 다음 단어를 알맞은 순서로 배열하여 문장을 바르게 쓰시오.

> (to / with pearls / you / advise / these jeans / I / choose)
> → _____

15 다음 밑줄 친 ①~⑤ 중 어법상 어색한 것은?

> When I started reading a book in the library, the girl next to me ① made a noise. I ② tried not to pay attention to her, but the noise ③ became annoying. I cannot but ④ ask her to be quiet. To make things worse, 10 minutes later, she turned her MP3 player loud. I told her to ⑤ turn down it.

LET'S DRILL

 다음 ( ) 안에서 알맞은 말을 고르시오.

1 It rains (heavy, heavily) these days.

2 This coffee smells (sweet, sweetly).

3 As time went on, he turned (confident, confidently)

4 Don't forget to (turn it off, turn off it).

 다음 문장의 빈칸에 ( ) 안의 단어를 알맞은 형태로 바꿔 쓰시오.

1 Mother Teresa loved _____ care of poor people. (take)

2 Mom wants me _____ my room every day. (clean)

3 I heard the patient _____ while the dentist was pulling out her tooth. (scream)

4 There _____ lots of people on the street. (be)

C 다음 문장의 빈칸에 알맞지 <u>않은</u> 것을 고르시오.

1 I will _____ a skirt for my daughter.
　① give　　　　　② buy　　　　　③ make

2 That _____ great.
　① smells　　　　② tastes　　　　③ buys

3 We _____ the issue frequently.
　① discussed　　　② changed　　　③ went

4 My uncle won't _____ the car to me.
　① lend　　　　　② buy　　　　　③ show

D 다음 문장을 3형식으로 바꿔 쓰시오.

1 A reporter asked the professor a question.

→ _____

2 Robert bought his son a cap.

→ _____

3 My teacher told me some interesting news.

→ _____

4 Would you get me some books?

→ _____

5 A policeman showed me the way to the station.

→ _____

E 다음 우리말과 같은 뜻이 되도록 빈칸에 알맞은 말을 쓰시오.

1 우리는 어려움에 처했을 때 다른 사람들의 도움을 요청할 수 있다.

→ We can _____ _____ others' help when we're in need.

2 우리 할머니는 내 사촌을 돌보신다.

→ My grandma _____ _____ _____ my cousin.

3 그 회사는 그 제품들을 만드는 데 천연 자원을 이용했다.

→ The company _____ _____ _____ natural resources to make the products.

4 그 문제를 해결할 더 쉬운 방법을 찾아보자.

→ Let's _____ _____ an easier way to solve the problem.

5 실내에서는 모자를 벗어야 한다.

→ You should _____ _____ your cap indoors.

6 나는 퀴즈쇼를 보려고 TV를 켰다.

→ I _____ _____ the TV to watch the quiz show.

UNIT 16 부정 수량형용사
Adjectives of Indefinite Quantity

■ **수·양에 따라 다른 표현**

막연한 수나 양을 나타내는 형용사를 부정 수량형용사라고 하며, 셀 수 있는 명사와 함께 쓰여서 수를 나타내는 것과, 셀 수 없는 명사와 함께 쓰여서 양을 나타내는 것, 그리고 수와 양을 둘 다 나타낼 수 있는 것이 있다.

분류	수량형용사				예문
수를 나타내는 형용사+셀 수 있는 명사	few 거의 없는	a few 조금 있는	many 많은	a (great) number of (상당히) 많은	John has **few[a few]** *friends*. There are not **many** *people* in the park. We saw **a (great) number of** *singers* at the concert.
양을 나타내는 형용사+셀 수 없는 명사	little	a little	much	a great deal of	I have **little[a little]** *money*. We don't have **much** *food* for camping. You have **a great deal of** *help*.

●●● a few/a little은 '조금 있는'이라는 긍정적 의미이고, few/little은 '거의 없는'이라는 부정적 의미이다.

●●● many와 much는 부정문/의문문에서 주로 사용한다.

🔵TIP 셀 수 있는 명사(가산명사)와 셀 수 없는 명사(불가산명사) : 개수를 셀 수 있는 명사는 복수형을 가지며, 개수를 셀 수 없는 명사는 복수형 자체가 없다.
ex. day – days / book – books / friend – friends / water – waters(×) / hope – hopes(×) / money – moneys(×)

■ **수·양 모두 표현**

분류	형용사	예문
수와 양을 모두 나타내는 형용사 +셀 수 있는 명사 셀 수 없는 명사	a lot of = lots of = plenty of 많은	**A lot of** *people* came to see you. There is **lots of** *water* in the glass. You can see **plenty of** *flowers*.
	some 약간의 any 조금의	**Some** *programs* are useful. 긍정문 Would you have **some** more *milk*? 권유하는 의문문 Do you have **some** *money*? yes의 답을 기대하는 의문문 Do you have **any** *money*? 의문문 I don't have **any** *money*. 부정문 If you have **any** *questions* about this problem, please let me know. 조건문
	enough 충분한	We have **enough** *food* for dinner. There are **enough** *rooms* in this hotel.

●●● 수를 나타낼 때는 복수명사와 함께 써서 복수 취급하고, 양을 나타낼 때는 복수형이 없는 셀 수 없는 명사와 함께 써서 단수 취급한다.

●●● some *vs.* any
① some은 기본적으로 긍정문에서 사용하고 의문문이나 부정문에는 사용하지 않는 것이 원칙이지만, 권유의 의문문이나 부정의 의미를 포함하지 않고 yes의 답을 기대하는 의문문에는 사용할 수 있다.
Would you like **some** coffee? / Won't you have **some** coffee?
② 부정문, 조건문, 의문문에서는 any를 쓴다. 다만, any가 긍정문에서 쓰이면 '어떠한 ~라도'의 뜻이 되어 의미가 강조된다.
Any book is OK. (어떤 책이라도 괜찮다.)

EXERCISE

A 다음 ( ) 안에서 알맞은 말을 고르시오.

1 There were (a number of, a great deal of) interesting books to read.

2 She has (a few, a little) problems she should solve.

3 The skill training center has (many, much) helpful programs for the youth.

4 There is (few, little) flour. Will you get some on your way home?

B 다음 문장에서 <u>틀린</u> 부분을 찾아 바르게 고쳐 쓰시오.

1 Jerry has many friends, but he has little good ones.

2 A lot soldier were dying in the battle field.

3 There was any trouble with my parents.

4 Mary gave me many information about the new movie.

C 다음 문장의 빈칸에 알맞은 말을 쓰시오.

1 There was _____ _____ _____ _____ loss in the last quarter. We must recover it.

2 Call us at 555-1212 if you have _____ questions about your reservation.

3 I'm totally broke because I spent _____ _____ _____ money in buying presents for Christmas.

4 We have _____ sugar. So I'd appreciate it if you get some.

D 다음 우리말과 같은 뜻이 되도록 빈칸에 알맞은 말을 쓰시오.

1 Lauren은 이기적이어서 친구가 거의 없다.
→ Lauren _____ _____, so she has _____ friends.

2 다른 사람들에게서 도움을 좀 못 받았던 거니?
→ Didn't you _____ _____ help from others?

3 나는 영화를 만드는 데 상당히 많은 관심을 갖고 있다.
→ I have _____ _____ _____ _____ interest in making movies.

UNIT 17 형용사 역할을 하는 분사
Participle Adjectives

분사는 동사에 -ing나 -ed를 붙여(불규칙변화 동사는 제외) 형용사로 사용하는 것으로 현재분사와 과거분사가 있다. 현재분사는 「동사원형+-ing」로 능동이나 진행의 의미를 가지며 '~한, ~하게 하는, ~하고 있는'으로 해석한다. 과거분사는 「동사원형+-ed」 또는 「과거분사형」으로 수동이나 완료의 의미를 가지며 '~된'으로 해석한다.

■ 분사의 쓰임

분사는 형용사 역할을 하기도 하고, 진행형(be동사+현재분사), 수동태(be동사+과거분사), 그리고 완료형(have[had]+과거분사)을 구성할 때 사용된다.

분사의 종류	쓰임	예문
현재분사	능동/진행	I can't go out now as I am **having** lunch. David was **writing** a letter when I entered his room.
과거분사	수동/완료	The letter was **written** by Shakespeare. We have just **finished** the project.

■ 형용사로서의 분사

분사는 형용사처럼 쓰여 명사를 직접 꾸며주거나 주어, 목적어를 설명하는 보어로 쓰인다.

분사	예문
현재분사	Look at the **flying** *kite* in the blue sky. A **rolling** *stone* gathers no moss. *This story* is very **interesting**. (주어 설명)
과거분사	There were **wounded** *soldiers* in the battle field. I found my new *watch* **damaged**. (목적어 설명)

■ 현재분사와 과거분사

현재분사는 주로 사람이나 사물의 성격과 특성을 나타낼 때 쓰여 능동의 의미를 나타내고, 과거분사는 주로 사람의 감정 상태를 나타낼 때 쓰여 수동의 의미를 담고 있다.

분사	예문
exciting (흥미진진한) excited (흥분된)	The book I bought yesterday is very **exciting**. I was **excited** when I saw the boxing game.
interesting (재미있는) interested (흥미/관심 있는)	It is a very **interesting** game. Are you **interested** in cooking?
tiring (피곤하게 하는) tired (피곤한)	Taking care of children is really **tiring**. Thomas is **tired** because of hard work.
boring (지루하게 하는) bored (지루한)	The novel is so **boring**. We were **bored** with politics.
shocking (충격적인) shocked (충격 받은)	The scene was **shocking** to me. My father was **shocked** at the news.
surprising (놀라운) surprised (놀란)	This is a **surprising** story. Ashley was **surprised** to see a snake at home.

TIP -ing형의 분사가 대개 사물에 대해 쓰이기는 하지만, 사람과 관련하여 쓰일 때도 있다.
ex. He is an **interesting** person to talk with. (He = 이야기하기에 재미있는 사람)

EXERCISE

A 다음 ( ) 안에서 알맞은 말을 고르시오.

1 The boys are (playing, played) soccer together.

2 The picture was (taking, taken) by a famous photographer.

3 Kyle had already (leaving, left) school when I arrived there.

4 I saw the water (boiling, boiled). So I turned off the burner.

B 다음 두 문장이 같은 뜻이 되도록 빈칸에 알맞은 말을 쓰시오. (단, 주어진 문장 내의 단어를 이용할 것)

1 The movie "Crossing" was so touching.
   → I was _____ by the movie "Crossing."

2 They were excited while they were playing computer games.
   → The _____ computer games entertained them.

3 The physics teacher's boring lecture made me fall asleep in class.
   → I was _____ of the physics lecture, so I fell asleep in class.

C 다음 ( ) 안에 주어진 단어를 알맞은 형태로 바꿔 빈칸에 쓰시오.

1 A Are there many _____ activities in the camping program? (excite)
   B Of course. You will have a great time.

2 A Our class were _____ to hear the news. Is it true? (surprise)
   B Yes, it is. Our teacher will quit to study abroad.

3 A Why did you fall asleep during the concert?
   B Because listening to classical music is so _____. (bore)

4 A How about going to the dancing festival this weekend?
   B Sorry, but I'm not _____ in dancing. (interest)

D 다음 우리말과 같은 뜻이 되도록 빈칸에 알맞은 말을 쓰시오.

1 Eric은 충격적인 아이디어를 내 놓았다.
   → Eric came up with _____ _____ _____.

2 나는 여기에서의 나의 새 삶에 대해 정말 흥분된다.
   → I _____ _____ _____ about my new life here.

3 네 사촌은 어제 등산을 해서 틀림없이 피곤할 거야.
   → Your cousin _____ _____ _____ because she climbed a mountain yesterday.

UNIT 18 부사
Adverbs

■ 형용사와 형태가 같은 부사

일반적으로 부사는 「형용사+-ly」의 형태로 '~하게'라는 뜻이 된다. 그러나 형용사와 부사의 형태가 같은 것도 있다. 이럴 경우 문장 속에서 쓰임에 따라 형용사인지 부사인지 확인해야 한다.

단어	형용사 의미	부사 의미	단어	형용사 의미	부사 의미
fast	빠른	빨리	high	높은, 비싼	높이, 비싸게
late	늦은	늦게	hard	어려운, 딱딱한	열심히
early	이른	일찍	long	긴	오래
enough	충분한	충분히	well	건강한, 좋은	잘

- Melissa is a **fast** runner.
- Adam walks very **fast**.
- The bus is very **long**.
- The king lived **long**.

- Our school bus is **late**.
- Jennifer goes to bed **late** every day.
- I don't feel **well**.
- Dillon sings very **well**.

- Andrew's job is **hard**.
- Nicole works **hard**.

●●● good과 well 같이 형용사와 부사의 형태가 다른 경우도 있다.
Your English is **good**. (형용사) / You speak English **well**. (부사)

■ 「부사+-ly」가 전혀 다른 의미가 되는 부사

부사	부사+-ly	부사	부사+-ly
late 늦게	lately 최근에	near 가까이	nearly 거의, 간신히
high 높이	highly 상당히	hard 열심히	hardly 거의 ~ 않다

- Christmas is getting **near**.
- It's **nearly** ten o'clock.

- The workmen work **hard**.
- Johnson **hardly** works.

●●● -ly로 끝나는 부사는 「명사+-ly」의 형태인 형용사와 구별해야 한다.
friendly(다정한), lovely(사랑스러운), manly(남자다운)

■ 주의할 부사

부사	특징	예문
very	형용사와 부사의 원급 수식 현재분사 수식	The car is **very** *fast*. The movie is **very** *boring*.
much	형용사와 부사의 비교급 수식 과거분사 수식	Lions are **much** *faster* than rabbits. I am **much** *bored* now.
ago	과거 시제에서 '(현재 기준) ~ 전'	I lived in Japan five years **ago**.
before	과거완료 문장에서 '(과거 기준) ~ 전' 과거, 현재완료, 과거완료에서 '전에'	He had left the room **before** I dropped. I have seen her **before**.
so	긍정문에서 '~도 역시'	Kyle likes cheese. – **So** do I.
neither	부정문에서 '~도 역시'	Melissa doesn't like black cats. – **Neither** do I.

TIP I **don't** like them, **either**.
not+either=neither

EXERCISE

A 다음 ( ) 안에서 알맞은 말을 고르시오.

1 This story is (very, much) boring.

2 Catherine works very (hard, hardly). She is diligent.

3 One of my friends became the mother of twins (late, lately).

4 I've seen him (ago, before) so I can recognize him easily.

B 다음 문장에서 <u>틀린</u> 부분을 찾아 바르게 고쳐 쓰시오.

1 She lives nearly Central Park in New York.

2 I hate my brother because he hard does the dishes after supper.

3 Darcy has never seen a ballet, and so have I.

4 The priest is high admired in this town.

C 다음 밑줄 친 말이 문장 속에서 어떤 품사로 쓰이고 있는지 찾아 ✓표 하시오.

	형용사	부사
1 Anthony studies German very <u>hard</u> to travel there.	☐	☐
2 Ronald was <u>late</u> for the conference.	☐	☐
3 Mark leaped very <u>high</u> to jump over the hurdle.	☐	☐
4 We didn't have <u>enough</u> money to buy that machine.	☐	☐
5 There lives a very <u>friendly</u> neighbor next door.	☐	☐

D 다음 우리말과 같은 뜻이 되도록 빈칸에 알맞은 말을 쓰시오.

1 Mary는 그 새들이 높이 나는 것을 보고 매우 기뻤다.
→ Mary was so pleased to see the birds flying _____.

2 그것은 네게 정말 어려운 시험이니까 열심히 공부하렴.
→ It's a very _____ test for you, so study _____.

3 Truman은 칭찬을 받는 데에 익숙하지 않다. 나도 그렇다.
→ Truman is not used to being praised. _____ _____ _____.

4 너는 최근에 뭐 하느라 그렇게 바쁘니?
→ Why are you so busy _____?

01 다음 빈칸에 알맞지 <u>않은</u> 것은?

> Emma has _____ coins in her pocket.

① few   ② a few   ③ a lot of
④ no   ⑤ a great deal of

02 다음 ( ) 안의 지시대로 우리말을 영작하시오.

> 나는 그 결과를 거의 믿을 수 없다.
> (not / never 이외의 부정어를 사용할 것)
> → _____

03 다음 빈칸에 들어갈 말이 바르게 짝지어진 것은?

> • Do you put _____ sugar in your coffee?
> • Harry knows _____ funny stories.

① many – many   ② much – much
③ many – much   ④ much – many
⑤ few – little

04 다음 빈칸에 공통으로 들어갈 알맞은 말은?

> • We have _____ information about the country.
> • Our teacher made _____ suggestions about our vacation.

① a little   ② a few
③ a lot of   ④ a great deal of
⑤ a great number of

05 다음 밑줄 친 부분이 <u>어색한</u> 것은?

① The game is very <u>interesting</u>.
② Richard became <u>boring</u> while listening to a long speech.
③ The dogs are really <u>tiring</u>, so I don't want to raise them any more.
④ I heard a strange story. You may be <u>shocked</u> to hear it.
⑤ The final match of Korea and Japan was <u>exciting</u>.

06 다음 대화 중 <u>어색한</u> 것은?

① A These people needed some serious help.
   B We needed some, too.
② A Brad doesn't have any work to do.
   B I don't have any, either.
③ A Bruce was so brave during the war.
   B So was Arnold.
④ A Our club didn't take part in the festival.
   B So did my club.
⑤ A Ann has already finished the homework.
   B Really? I haven't finished it yet.

07 다음 중 어법상 옳은 문장은?

① The building is built highly.
② You don't look well. Are you sick?
③ Have you seen the movie ago?
④ My parents got married 20 years before.
⑤ The number of girls are running after the singer.

08 다음 주어진 단어를 두 문장의 빈칸에 공통으로 알맞은 형태로 쓰시오.

- A famous artist has _____ the picture. (draw)
- This painting was _____ by my daughter. (draw)

09 다음 주어진 단어를 활용하여 대화의 빈칸을 채우시오.

A Who is the winner of the singing contest?
B Hermione.
A Did you tell her the _____ news? (surprise)
B Yes. She looked _____. (surprise)

10 다음 밑줄 친 부분의 쓰임이 다른 것은?

① The sun is already high.
② The rock is very hard.
③ Our school is near.
④ I want my grandma to live long.
⑤ Tiffany was late for the meeting.

11 다음 두 문장이 같은 뜻이 되도록 빈칸에 알맞은 말을 쓰시오.

Julia plays the cello very well.
→ Julia is a _____ cello _____.

12 다음 주어진 단어를 바르게 배열하여 문장을 만드시오.

(for / the car / get in / enough / big / to / isn't / all my family)
→ _____

13 다음 밑줄 친 부분과 바꿔 쓸 수 있는 것은?

Daniel translates many kinds of books into English.

① few   ② little   ③ much
④ plenty of   ⑤ a great deal of

14 다음 대화의 빈칸에 알맞은 말을 〈보기〉에서 골라 쓰시오.

보기 near nearly high highly hard hardly

A Oh, it's _____ 9 o'clock. I have to go home now.
B Why don't you leave later? I know you live _____ here.
A My parents are _____ strict people. I have to go now.
B All right. I will drive you home.

15 우리말과 같은 뜻이 되도록 빈칸에 알맞은 말을 쓰시오.

작년에는 눈이 조금 왔지만 올해에는 눈이 조금도 안 왔다.
→ We had _____ snow last year, but we didn't have _____ snow this year.

 다음 ( ) 안에서 알맞은 말을 고르시오.

1 Kelly lost weight (late, lately).

2 Sarah (hard, hardly) works in her house.

3 The supermarket is (near, nearly).

4 Your elder brother is not short. I'm not short, (too, either).

5 We don't have (many, much) money to buy a car.

 다음 문장의 빈칸에 ( ) 안의 단어를 알맞은 형태로 바꿔 쓰시오.

1 Your life seems to be full of _____ events. (excite)

2 What are you _____ in? (interest)

3 The old man was _____ to see the sight. (surprise)

4 The players were so _____ after they played the game. (tire)

5 Joseph was _____ while he was watching the program. (bore)

6 The scene was _____ to me. (shock)

C 다음 문장의 빈칸에 알맞은 것을 고르시오.

1 Sophia has a few _____.
① money　　　　　　② books　　　　　　③ time

2 As soon as the actor appeared, _____ people gathered around him.
① a great number of　　② a great deal of　　③ much

3 Mom gave me _____ advice.
① a lot of　　　　　　② a few　　　　　　③ a number of

D 다음 문장의 틀린 부분을 바르게 고쳐 문장을 다시 쓰시오.

1 Lions are very faster than zebras.

→ _____

2 Melissa is not used to being praised. So am I.

→ _____

3 It's very hardly work for you.

→ _____

4 There was any trouble with my parents.

→ _____

5 We don't have a great number of money.

→ _____

6 Jennifer goes to bed lately every day.

→ _____

E 다음 우리말과 같은 뜻이 되도록 빈칸에 알맞은 말을 쓰시오.

1 우리는 이 상황에서 희망을 거의 찾을 수 없다.

→ We can find _____ _____ in this situation.

2 나는 돈이 조금 있다.

→ I have _____ _____ money.

3 나는 질문할 것이 조금 있지만 Emma는 전혀 질문할 것이 없다.

→ I have _____ questions to ask, but Emma doesn't have _____ questions.

4 네 언니는 어제 일을 많이 해서 틀림없이 피곤할 거야.

→ Your sister _____ _____ _____ because she worked a lot yesterday.

UNIT 19

원급 비교
Comparisons

■ 다양한 원급 비교 표현

원급 비교란 상태나 정도가 동등한 둘 이상의 대상을 비교하는 것으로, 「as＋형용사[부사] 원급＋as＋비교 대상」의 형태로 쓰고, '~만큼 …한[하게]'라고 해석한다.

형태	의미	예문
as＋원급＋as ~	~만큼 …한[하게]	I can run **as** fast **as** you. Danny is **as** handsome **as** George.
not as[so]＋원급＋as ~	~만큼 …하지 못한	Janet is **not as** old **as** Nancy (is). (= Nancy is older than Janet.)
배수사＋as＋원급＋as ~	~보다 …배만큼 더 ~한	That room is **twice as** large **as** this one. (= That room is two times larger than this one.)
as＋원급＋as possible (= as＋원급＋as＋주어＋can)	가능한 한 ~하게	Send me an e-mail **as** soon **as possible**. (= Send me an e-mail **as** soon **as you can**.)
as＋원급＋as can be	더할 나위 없이 ~한	The scenery is **as** beautiful **as can be**. The weather was **as** fine **as could be**.
as good as	~(이)나 다름없는	The dog is **as good as** dead. Giselle is **as good as** my mother.

● ● ● as well as는 「as＋원급＋as」에서 원급에 부사 well이 쓰인 원급 비교로 '~만큼 잘'이라는 의미이다.
　　Alice can sing **as well as** a professional singer.
　　Raymond takes care of his son **as well as** his wife does.
　　Martin can play soccer **as well as** Ronaldo.
● ● ● 관용적 표현으로 쓰이는 as well as는 「A as well as B」의 형태로 쓰여 'B 뿐만 아니라 A도'라는 의미가 된다. 이는 「not only B but also A」로 바꿔 쓸 수 있다.
　　Sandra can play the viola **as well as** the cello.
　　= Sandra can play **not only** the cello **but also** the viola.
　　You **as well as** Lisa *are* smart.　ⓣⓘⓟ「A as well as B」가 주어로 쓰였을 때는 A에 동사의 수를 일치시킨다.
　　= **Not only** Lisa **but also** you *are* smart.

ⓣⓘⓟ 배수사란 두 배, 세 배 등 몇 배를 나타내는 말로, 두 배는 twice/two times로 나타내고 세 배 이상은 「기수+times」로 나타낸다.
　　ex. 세 배 – three times, 네 배 – four times, 다섯 배 – five times

■ as many ~ as / as much ~ as

「as many＋셀 수 있는 명사의 복수형＋as」는 '~만큼 수가 많은'이라는 의미로 비교하는 두 대상의 수가 같음을 나타내고, 「as much＋셀 수 없는 명사＋as」는 '~만큼 양이 많은'이라는 의미로 비교하는 두 대상의 양이 같음을 나타낸다.

수량의 원급 비교	예문
as many ~ as	Maria has got **as many** *friends* **as** Mary. I've been to **as many** *countries* **as** Jane.
as much ~ as	Helen earns **as much** *money* **as** Colin. They aren't carrying **as much** *luggage* **as** you.

A 다음 중 어법상 맞는 문장에는 ○표, <u>어색한</u> 문장에는 ×표 하시오.

1 My rope is as thick three times as yours. (   )

2 Jim is not so smart as his big brother, but he's so diligent. (   )

3 The weather is as beautifully as can be. (   )

4 My mother spent as many money as my father. (   )

B 다음 문장을 (   ) 안의 지시대로 바꿔 쓰시오.

1 Tigers are faster than bears. (bears를 주어로, as ~ as 사용)

→ _____

2 Dad came home as early as he could. (possible 사용)

→ _____

3 My computer is as fast as yours. (faster, twice 사용)

→ _____

C 다음 대화의 빈칸에 알맞은 말을 쓰시오.

1 A How long is your ruler, Jane?

   B It's 30cm long.

   A Mine is 15cm long, so yours is _____ as _____ as mine.

   B Right. Then use my ruler to measure it.

2 A Hi, Janet. How is the report going?

   B My report is _____ good _____ finished.

   A Really? That's great, so when will you send me it?

   B I'll send it to you _____ soon _____ possible.

D 다음 (   ) 안에 주어진 말을 사용하여 우리말을 영작하시오.

1 Sarah는 Jane만큼 많은 펜을 갖고 있다. (as ~ as)

→ _____

2 그 아기는 더할 나위 없이 귀엽다. (as ~ as)

→ _____

3 그 휴대 전화는 쓸모없는 것이나 마찬가지다. (as, useless)

→ _____

4 내 가방은 클 뿐만 아니라 매우 유용하다. (not only, useful)

→ _____

UNIT 20 비교급 / 최상급
Comparatives / Superlatives

■ **비교급·최상급의 불규칙 변화** 일반적으로 비교급은 형용사나 부사의 「원급+-er」 또는 「more+원급」으로 나타내고, 최상급은 「원급+-est」 또는 「most+원급」의 형태지만 불규칙하게 변화하는 형용사와 부사도 있다. 부사의 최상급 앞에 쓰인 the는 대부분 생략한다.

원급	비교급	최상급	의미	예문
good / well	better	best	좋은 / 잘	The situation went **better** *than* I thought. My father is *the* **best** driver.
bad / ill	worse	worst	나쁜 / 심하게	The situation got **worse**. This is *the* **worst** cake I've ever eaten.
little	less	least	적은	Mary has **less** time *than* Judy. I have *the* **least** amount of money of all.
many / much	more	most	많은 / 많은[많이]	An octopus has **more** legs *than* a rabbit. It snows **most** in January every year.

■ 의미에 따라 달라지는 비교급 / 최상급

원급	비교급	최상급	의미	예문
old	older	oldest	나이가 많은	Kevin is **older** *than* you. Lauren is my **elder** sister.
	elder	eldest	손위의(서열)	This tree is *the* **oldest** here. Shawn is my **eldest** brother.
late	later	latest	늦은 / 늦게(시간)	Dad came home **later** *than* Mom. Let's read the **latter** part of the book.
	latter	last	늦은 / 늦게(순서)	This is *the* **latest** news. Samantha came to the party **last**.
far	farther	farthest	먼 / 멀리(거리)	I live **farther** from my school *than* Cody. The students want to study **further** in college.
	further	furthest	더(정도)	The city is *the* **farthest** from here. I want to travel *the* **furthest**.

■ 다양한 비교급 표현

형태	의미	예문
비교급+and+비교급	점점 더 ~한[하게]	The bird is flying **higher and higher**.
the+비교급, the+비교급	~하면 할수록 점점 더 …하다	**The more** we have, **the more** we want.
get[become]+비교급	더 ~해지다	The balloon is **getting smaller**.
A+배수사+비교급+than B	A는 B보다 …배 더 ~한	My pencil is **twice longer than** yours.
Which+동사+비교급, A or B?	A, B 중에 어느 것이 더 ~하니?	**Which** is **heavier**, this box **or** that one?

●●● 비교급을 강조하여 '훨씬'이라는 의미를 첨가할 때는 비교급 앞에 much, far, still, even, a lot 등을 쓴다.
Take this medicine, and you will be **much better**.

EXERCISE

A 다음 중 어법상 맞는 문장에는 O표, 어색한 문장에는 ×표 하시오.

1 The higher we climb, the colder it becomes. (   )

2 Soccer is getting popular and popular these days. (   )

3 This tree is three years elder than that one. (   )

4 Which is better, this red cap or that orange cap? (   )

B 다음 문장의 빈칸에 알맞은 말을 쓰시오.

1 There are three girls. Sunny gets up at 7, Laura gets up at 8, and Rose gets up

at 7:30. So the girl who gets up _____ is Laura.

2 The _____ the temperature, the _____ demands for ice cream.

3 Ray is the richest in my town. I have _____ money _____ him.

4 The weather is getting _____ _____ _____. Winter is near at hand.

C 다음 대화의 빈칸에 알맞은 말을 쓰시오.

1 A These days I can't save money at all.

B Why? I don't think you waste money on unnecessary things.

A The reason is that the cost of living is getting _____ _____

_____ every day.

2 A Summer is near at hand. Weather is getting _____ and _____.

B What month is the _____ in Korea?

A It's August.

D 다음 우리말과 같은 뜻이 되도록 빈칸에 알맞은 말을 쓰시오.

1 일자리를 찾기가 점점 더 어려워지고 있다.

→ It's becoming _____ _____ _____ to find a job.

2 저 산이 이 산보다 세 배는 더 높다.

→ That mountain is _____ _____ _____ _____ this one.

3 해왕성은 태양계에서 태양으로부터 가장 먼 행성이다.

→ Neptune is _____ _____ _____ from the sun in the solar system.

4 들으면 들을수록 점점 더 흥미로워진다.

→ _____ _____ I hear, _____ _____ interested I become.

UNIT 21 최상급
Superlatives

■ **원급을 이용한 최상급 표현**

'가장 ~한'이라는 의미의 최상급 표현을 「as+원급+as」를 이용해서 나타낼 수 있다.

> No (other) + 단수명사 + (범위 +) 동사 + as + 원급 + as + 비교 대상

No other river in the world is **as** long **as** the Nile. (= The Nile is the longest river in the world.)

No other girl in our class is **as** tall **as** Tiffany. (= Tiffany is the tallest girl in our class.)

No other tree in my town is **as** old **as** that one. (= That tree is the oldest in my town.)

Nothing in the world is **as** important **as** time. (= Time is the most important in the world.)

■ **비교급을 이용한 최상급 표현**

'가장 ~한'이라는 의미의 최상급 표현을 「비교급+than」을 이용해서 나타낼 수 있다.

> 비교급 + than + any other + 단수명사
> = 비교급 + than + all the other + 복수명사
> = No other + 단수명사 + 동사 + 비교급 + than

The Nile is long**er than any other** *river* in the world. (= The Nile is the longest river in the world.)

= The Nile is long**er than all the other** *rivers* in the world.

= **No other** *river* in the world is long**er than** the Nile.

Nothing in the world is **as** important **as** health. (= Health is the most important thing in the world.)

= Health is **more** important **than any other** *thing* in the world.

= Health is **more** important **than all the other** *things* in the world.

= **Nothing** in the world is **more** important **than** health.

■ **다양한 최상급 표현**

형태	의미	예문
the+최상급 (명사)+of+비교 대상	… 중에서 가장 ~한	Judy is **the oldest of** them all.
the+최상급 (명사)+in+비교 범위	…에서 가장 ~한	What is **the highest** mountain **in** Korea?
one of the+최상급+복수명사	가장 ~한 …들 중 하나	I am **one of the tallest** *students* in my class.
the+서수+최상급	… 번째로 ~한	What is **the second largest** country in the world?
최상급 주어+not	가장 ~한 사람[것]일지라도 … 않다 (부정의 의미 강조)	**The wisest** man can't solve the problem.
make the most of ~	~을 최대한 활용하다	The country will **make the most of** this chance.
at least	적어도	**At least** one thousand people died during the war.
at most	기껏해야	The pond is 10 meters **at most**.

EXERCISE

A 다음 중 어법상 맞는 문장에는 ○표, 어색한 문장에는 ×표 하시오.

1 Soccer is one of the most popular sports in Korea. (　　)

2 Mr. Parker is more industrious than all the other workers. (　　)

3 Friendship is most important than any other thing in one's youth. (　　)

B 다음 문장을 (　　) 안의 지시대로 바꿔 쓰시오.

1 Nothing is more precious than health. (as ~ as)
→ _____

2 My house is the most comfortable place. (부정 주어, more ~ than)
→ _____

3 John is the most handsome boy in my group. (비교급, any other)
→ _____

4 Nothing in the world is more important than trust. (than, all the other)
→ _____

C 다음 대화의 빈칸에 알맞은 말을 쓰시오.

1 A Are you the _____ student in your class?
　　B No, I'm not the tallest student. There's one student who is _____ than me.
　　A Then you're _____ _____ tallest student in your class.

2 A One of my hobbies is collecting rings, so I have many of them.
　　B What is the most valuable one?
　　A As you know, it's the diamond ring.
　　B Yeah. Nothing is _____ valuable _____ diamond ring.

D 다음 (　　) 안에 주어진 말을 사용하여 우리말을 영작하시오.

1 너는 우리 마을에서 다른 모든 소년들보다도 더 재미있다. (humorous, all the other)
→ _____

2 아빠는 최소한 1주일에 한 번은 잔디를 깎으라고 내게 말씀하셨다. (cut, grass, at least)
→ _____

3 Alice는 그 어떤 과목들보다도 수학을 좋아했다. (math, any other)
→ _____

01 다음 중 빈칸에 알맞지 <u>않은</u> 것은?

> This is one of the _____ classrooms in our school.

① largest   ② smallest   ③ darkest
④ brightest   ⑤ better

02 다음 문장의 빈칸에 알맞은 것을 두 개 고르면?

> Harry slept as long as _____ because he was so tired.

① possible   ② possibly   ③ he can
④ he could   ⑤ it could

03 다음 빈칸에 들어갈 말이 순서대로 짝지어진 것은?

> _____ we spend, _____ we save.

① Little – much
② Less – more
③ The less – the more
④ The little – the much
⑤ The most – the less

04 다음 우리말과 같은 뜻이 되도록 주어진 단어를 바르게 배열하시오.

> 이 문제는 더할 나위 없이 쉽다.
> (as / be / problem / easy / can / this / is / as)
> → _____

05 다음 문장 중 <u>어색한</u> 부분은?

> ① Which ② is ③ the cheapest, ④ this one
> ⑤ or that one?

06 다음 문장 중 나머지와 그 뜻이 <u>다른</u> 것은?

① Honesty is the most important thing of all.
② Nothing is more important than honesty.
③ Nothing is not as important as honesty.
④ Honesty is more important than all the other things.
⑤ Honesty is more important than any other thing.

[7~8] 다음 두 문장이 같은 뜻이 되도록 빈칸에 알맞은 말을 쓰시오.

07

> Rabbits are faster than turtles.
> → Turtles are not _____ _____ _____ rabbits.

08

> The blue ruler is three times longer than the yellow ruler.
> → The blue ruler is _____ _____ _____ long _____ the yellow ruler.

09 다음 우리말을 영어로 옮길 때 빈칸에 알맞은 말은?

> 어느 누구도 내가 그녀를 사랑하는 것만큼 그녀를 사랑하지 않는다.
> → No one loves her as _____ as I do.

① many   ② much   ③ more
④ most   ⑤ the most

10 다음 중 어법상 옳은 문장은?

① I'm not as starving than you.
② The richest man cannot have Christina's mind.
③ This is one of the oldest temple in the world.
④ Jerry is the kindest boy in the three.
⑤ What is the three largest country in the world?

11 다음 대화의 밑줄 친 부분을 바르게 고쳐 쓰시오.

> A I heard you were on a diet. Did you lose a lot of weight?
> B No. Although I eat less than before, I'm getting fattest and fattest.

→ _____

12 다음 ( ) 안에 주어진 단어들을 사용하여 우리말을 영어로 옮기시오.

> 우리가 경험을 많이 하면 할수록 우리는 더 현명해진다. (experience, wise)
> → _____

13 다음 중 단어의 형태가 바르게 쓰인 것은?

① Today I feel badder than yesterday.
② This year we'll have little rain than last year.
③ How can you come last than the teacher?
④ I have a best computer than yours.
⑤ Francis would like to study the principle further.

14 다음 대화를 읽고, 빈칸에 알맞은 말을 쓰시오.

> A Look at this book. I bought it at a garage sale.
> B Do you mean it's a secondhand book?
> A Yes, but it is _____ _____ _____ new.

15 다음 편지글을 읽고, 빈칸에 알맞은 말을 쓰시오.

> Dear Susan,
> Hi, Susan. I am enjoying my trip in Sydney. I met a lot of people here. They were really friendly. And the scenery is beautiful. Sydney is more beautiful _____ _____ _____ _____ cities I've visited. Tomorrow I'll leave for France. Take care.
>
> with Love,
> *Dad*

다음 ( ) 안에서 알맞은 말을 고르시오.

1 Which city is (larger, largest), Daejeon or Busan?

2 The typhoon was the (worse, worst) natural disaster in our history.

3 I am fourteen years old and Steven is sixteen. So he is (older, elder) than me.

4 I want to study our history (farther, further).

다음 문장의 빈칸에 알맞은 것을 고르시오.

1 Anthony can skate as _____ as Shaun.
　① good　　　　　　　② well　　　　　　　③ bad

2 This year it snowed two _____ as much as last year.
　① time　　　　　　　② times　　　　　　　③ grade

3 What is the brightest candle _____ all these?
　① for　　　　　　　② in　　　　　　　　③ of

다음 문장의 <u>틀린</u> 부분을 바르게 고쳐 문장을 다시 쓰시오.

1 Baseball is one of the most exciting sport.

→ _____

2 No other thing is good than "mother's love."

→ _____

3 Einstein is more famous than any other scientists.

→ _____

4 Rebecca sings well, but Emily sings more well.

→ _____

5 Lisa writes badly, but Susan writes badlier.

→ _____

D 다음 두 문장이 같은 뜻이 되도록 빈칸에 알맞은 말을 쓰시오.

1 Christina walked as quietly as possible not to wake up her parents.

→ Christina walked as quietly as _____ _____ not to wake up her parents.

2 I like not only sports but also music.

→ I like music _____ _____ _____ sports.

3 This is the lightest pillow.

→ This is lighter than all _____ _____ _____.

4 Nothing is more important than raising children.

→ Raising children is _____ _____ _____ _____.

5 I am the happiest bride in the world.

→ I am _____ than any other bride in the world.

6 No other river in the world is as long as the Nile.

→ The Nile is _____ _____ river in the world.

E 다음 우리말과 같은 뜻이 되도록 빈칸에 알맞은 말을 쓰시오.

1 오늘은 어제보다 덜 덥다.

→ Today is not _____ _____ _____ yesterday.

2 그 신발은 더할 나위 없이 더럽다.

→ The shoes are _____ dirty _____ _____ be.

3 그 환자는 죽은 것이나 다름없었다.

→ The patient was _____ _____ _____ dead.

4 이 도시에서 두 번째로 높은 건물은 무엇이니?

→ What is _____ _____ _____ building in this city?

5 우리는 더 많이 가질수록, 더 많이 원한다.

→ _____ _____ we have, _____ _____ we want.

01 다음 문장의 빈칸에 알맞지 <u>않은</u> 것은?

> Until now the reporter has not interviewed _____ people.

① many　　② lots of　　③ plenty of
④ a lot of　　⑤ a great deal of

[2~3] 다음 대화의 빈칸에 알맞은 말을 고르시오.

02

> A I don't like spending much time cleaning the house.
> B I don't like it, _____.

① too　　② either　　③ also
④ neither　　⑤ however

03

> A Will you go to Steven's house warming party?
> B Of course. I _____ miss it. He is my best friend.
> A If you go there, I will go there, too.

① won't　　② can　　③ may not
④ mustn't　　⑤ should

04 다음 우리말을 영어로 옮길 때 빈칸에 알맞은 말을 쓰시오.

> Victoria는 가능한 한 큰 소리로 노래를 불렀다.
> → Victoria sang a song as loudly as _____.

05 다음 문장 중 나머지와 그 뜻이 <u>다른</u> 것은?

① Andrew is the strongest man in our club.
② No other man in our club is as strong as Andrew.
③ No other man in our club is stronger than Andrew.
④ Andrew is stronger than all the other men in our club.
⑤ All the other men in our club are stronger than Andrew.

06 다음 빈칸에 들어갈 말이 순서대로 짝지어진 것은?

> I found a big wooden box in the forest. I expected it to be filled with gold. But there wasn't _____ gold in the box. Instead, there were only _____ stones in it. I was a little disappointed.

① some – some　　② no – any
③ some – any　　④ no – some
⑤ any – some

07 다음 중 밑줄 친 단어의 쓰임이 바르지 <u>않은</u> 것은?

① It's <u>nearly</u> ten o'clock.
② I love my family <u>deeply</u>.
③ Andrew's job is <u>hardly</u>.
④ We have visited the zoo <u>lately</u>.
⑤ Johnny is a <u>highly</u> successful salesman.

08 다음 우리말을 영어로 옮길 때 빈칸에 알맞은 말을 모두 고르면?

> 그 수녀님은 많은 집없는 사람들을 돌보아 주셨다.
> → The nun _____ a lot of homeless people.

① looked at
② looked for
③ looked after
④ asked for
⑤ cared for

09 다음 중 문장 형식이 〈보기〉와 같은 것은?

> 보기 We saw lots of sheep sleeping on the grass.

① I went to the park with my classmates.
② All the people became surprised because of the accident.
③ Patrick read all the books written by his favorite author.
④ Our English teacher told us a funny story in English.
⑤ The policeman made me stop my car.

10 다음 중 밑줄 친 부분의 의미가 다른 것은?

① I want peace <u>as well as</u> love.
② Women <u>as well as</u> men can be soldiers.
③ Brad can act <u>as well as</u> Anthony.
④ Apples <u>as well as</u> oranges are good for kids.
⑤ There are lilies <u>as well as</u> carnations in the vase.

[11~13] 다음 중 어법상 <u>어색한</u> 문장을 고르시오.

11 ① You should not give up the chance.
② Why don't you write down it?
③ You'd better put it on. It's so cold.
④ Did you turn the light off when you left home?
⑤ We should pick the garbage up in the classroom.

12 ① He is not as friendly as you are.
② Her salary is two times as much as mine.
③ This toy is as simple as that one.
④ Working all night was as hard as could do.
⑤ My teacher is as good as my mother.

13 ① Michael cannot be a liar.
② It may not rain tomorrow.
③ The woman must be a doctor to do so.
④ Jennifer will can pass the driving test.
⑤ We should do our best to reach our goal.

14 다음 글의 밑줄 친 부분과 바꿔 쓸 수 있는 것은?

> Celine was poor at drawing. So she always got a bad grade in art. She <u>must</u> practice drawing every weekend. After one year, her grade was better than before.

① have to
② has to
③ had to
④ will have to
⑤ would have to

15 다음 (   ) 안의 단어 ⓐ, ⓑ를 알맞은 형태로 고쳐 쓰시오.

> Mom is ⓐ (interest) in learning foreign languages. These days she is learning Chinese every morning. When I come home from school, Mom greets me in Chinese. I think it's really ⓑ (interest).

ⓐ _____   ⓑ _____

16 다음 대화의 빈칸에 알맞은 말을 쓰시오.

> A What's your favorite subject?
> B Math. What about you?
> A My favorite subject is P.E. It is _____ helpful than _____ _____ _____.

17 다음 우리말과 같은 뜻이 되도록 대화의 빈칸에 알맞은 말을 쓰시오.

> A I didn't call the boss last night.
> B _____ (나도 안 했어.)

[18~19] 다음 중 밑줄 친 부분이 바르게 쓰인 것을 고르시오.

18 ① There used to <u>being</u> a bakery next to our school.
② Would you like to <u>watching</u> the movie?
③ Students ought not to <u>be</u> late for school.
④ We had better <u>helping</u> each other.
⑤ He would rather <u>reads</u> comic books.

19 ① It's getting <u>the darker</u> as time goes on.
② Which is <u>deepest</u>, this pond or that pond?
③ The plane is going up <u>higher and higher</u>.
④ What is <u>the second longer</u> river in Korea?
⑤ This is <u>one of the oldest city</u> in the world.

20 다음 두 문장이 같은 뜻이 되도록 빈칸에 알맞은 말을 쓰시오.

> The cook made us delicious spaghetti.
> → The cook made delicious spaghetti _____ us.

WRITING  TIME

A 다음 문장의 <u>틀린</u> 부분을 바르게 고쳐 문장을 다시 쓰시오.

1 It is near ten o'clock. ➋ _____

2 The professor's lecture is a little bored. ➋ _____

B 다음 ( ) 안에 주어진 말을 사용하여 우리말을 영작하시오.

1 나는 시험 볼 때 거의 실수를 하지 않는다. (few, mistake, take an exam)

➋ _____

2 뭐 마실 것 좀 드릴까요? (would you like)

➋ _____

3 그 웨이터는 나에게 잠시 기다리라고 요청했다. (to wait, for a minute, ask)

➋ _____

C 다음은 Lucy가 세 친구를 비교한 글이다. 본문의 내용과 일치하도록 주어진 문장의 <u>틀린</u> 부분을 바르게 고쳐 문장을 다시 쓰시오.

> I have three friends, Jessy, Miranda, and Nancy. They are different from each other in many ways. Jessy is the most diligent girl of the three. She is always doing something like homework, helping her mom, etc. Miranda never tells a lie to anyone. She is a very faithful girl, but she isn't as generous as Nancy. Nancy is the tallest and most attractive girl of the three. They are best friends of mine.

1 Jessy is more attractive than the other two girls.

➋ _____

2 Miranda is the most diligent girl of the three.

➋ _____

3 No other girl of the three is as tall as Miranda.

➋ _____

불규칙 동사 변화표

■ AAA형

원형	과거형	과거분사형	의미
broadcast	broadcast	broadcast	방송하다
cast	cast	cast	던지다
cost	cost	cost	비용이 들다
cut	cut	cut	자르다
hit	hit	hit	치다
hurt	hurt	hurt	아프다
let	let	let	~하게 하다
put	put	put	놓다, 두다
read	read	read	읽다
set	set	set	맞추다
shut	shut	shut	닫다
spread	spread	spread	퍼뜨리다

■ ABA′형

원형	과거형	과거분사형	의미
arise	arose	arisen	일어나다
blow	blew	blown	(~을) 불다
do	did	done	하다
draw	drew	drawn	그리다
drive	drove	driven	운전하다
fall	fell	fallen	떨어지다
go	went	gone	가다
grow	grew	grown	자라다
know	knew	known	알다
ride	rode	ridden	(~을) 타다
rise	rose	risen	오르다
see	saw	seen	보다
shake	shook	shaken	흔들다
show	showed	shown	보여 주다
take	took	taken	가져가다
throw	threw	thrown	던지다
write	wrote	written	쓰다

■ ABC형

원형	과거형	과거분사형	의미
begin	began	begun	시작하다
drink	drank	drunk	마시다
fly	flew	flown	날다
lie	lay	lain	눕다
ring	rang	rung	울리다
sing	sang	sung	노래하다
sink	sank	sunk	가라앉다
swim	swam	swum	수영하다

■ ABB형

원형	과거형	과거분사형	의미
bend	bent	bent	구부리다
bind	bound	bound	묶다
bring	brought	brought	가져오다
build	built	built	짓다
burn	burnt	burnt	타다
buy	bought	bought	사다
catch	caught	caught	잡다
dig	dug	dug	파다
feed	fed	fed	먹이다
feel	felt	felt	느끼다
fight	fought	fought	싸우다
find	found	found	발견하다
get	got	got	받다
hang	hung	hung	매달다
hear	heard	heard	듣다
hold	held	held	개최하다
keep	kept	kept	유지하다
lay	laid	laid	놓아두다
lead	led	led	(앞장 서서) 이끌다
leave	left	left	떠나다
lend	lent	lent	빌려 주다
lose	lost	lost	잃다
make	made	made	만들다
mean	meant	meant	의미하다
meet	met	met	만나다
pay	paid	paid	지불하다
say	said	said	말하다
seek	sought	sought	추구하다
sell	sold	sold	팔다
send	sent	sent	보내다
shine	shone	shone	빛나다
shoot	shot	shot	쏘다
sit	sat	sat	앉다
sleep	slept	slept	자다
slide	slid	slid	미끄러지다
spend	spent	spent	소비하다
stand	stood	stood	서다
stick	stuck	stuck	붙이다
strike	struck	struck	치다
sweep	swept	swept	닦다
swing	swung	swung	흔들다
teach	taught	taught	가르치다
tell	told	told	말하다
think	thought	thought	생각하다
understand	undrstood	understood	이해하다
weep	wept	wept	울다
win	won	won	이기다

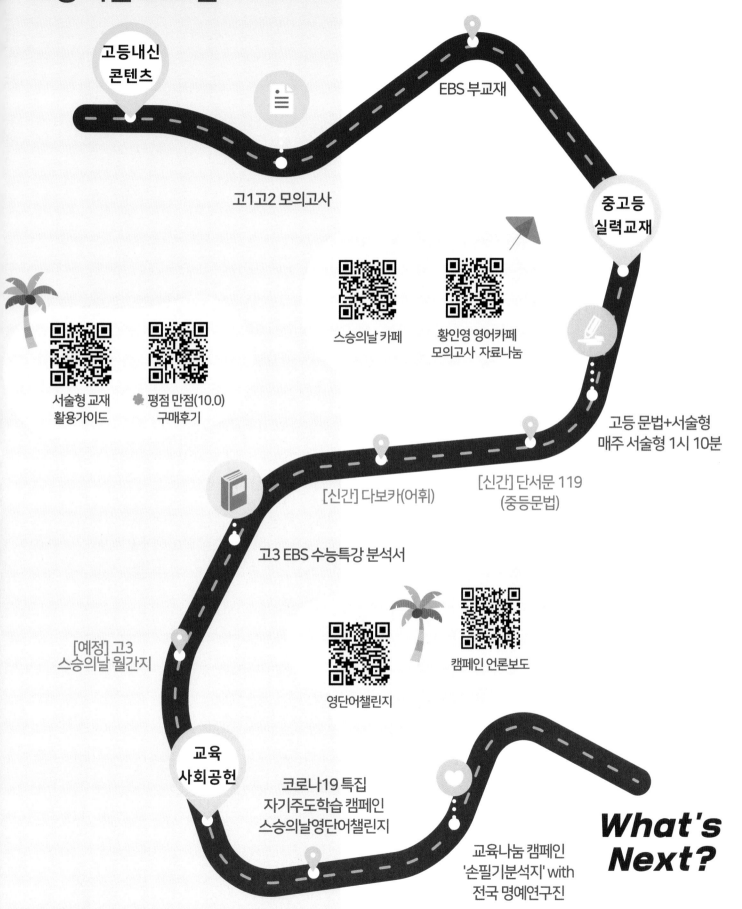

> 스승의날 로드맵

스승의날 출판사에 대해 더 궁금하시다면, QR코드를 스캔해보세요.

고등내신 콘텐츠

고1고2 모의고사

EBS 부교재

중고등 실력교재

스승의날 카페

황인영 영어카페 모의고사 자료나눔

서술형 교재 활용가이드

평점 만점(10.0) 구매후기

고등 문법+서술형 매주 서술형 1시 10분

[신간] 단서문 119 (중등문법)

[신간] 다보카(어휘)

고3 EBS 수능특강 분석서

영단어챌린지

캠페인 언론보도

[예정] 고3 스승의날 월간지

교육 사회공헌

코로나19 특집 자기주도학습 캠페인 스승의날영단어챌린지

교육나눔 캠페인 '손필기분석지' with 전국 명예연구진

What's Next?

> 스승의날 이용후기

전국 각지의 원장님, 선생님으로 이루어진 탄탄한 인지도,
스승의날 자료의 후기를 참고하세요. ☆☆☆☆☆

·반OO 강사 (ys*****@naver.com)
선생님 관점에서 고민하고 분석하는 부분을 공감하며 연구할 수 있어서 좋네요.

·조OO 강사 (he******@naver.com)
아이들에게 스스로 주제문을 만들게 하고 난 후, 비교분석 할 수 있는 자료 중 최고입니다!

·박OO 강사 (yu*********@naver.com)
손필기로 분석되어있는 지문, 그리고 개요, 주제문 요약까지 수업할 때 필요한 부분들이
다 있어서 매우 유용했습니다. 제가 직접 만드는 시간을 많이 덜어낼 수 있더라고요.
수업 준비에 시간 투자가 많은 편인데, 바로 수업에 활용할 수 있을 정도로 고퀄리티 였어요.

·안OO 학생 (an*********@naver.com)
다른 여타 변형문제들의 서술형과는 달리 '진짜 시험에서 보는' 서술형 문제들이 있었고
그 퀄리티가 매우 뛰어 나서 가장 도움이 되었다.

·이OO 학생 (us******@naver.com)
영어학원에 익숙해져 있다가 혼자 분석하려니 어디가 중요한지 잘 모르겠어서 힘들었는데,
손필기 되어 있는 것 보고 추가적으로 찾아가면서 하면 중요한 문장이 눈에 보이더라고요!

·강OO 학생 (ka**********@naver.com)
분석 자료가 시중에 별로 없는데 스승의날 손필기 분석지는 정말 꼼꼼하고 깔끔하게 분석이 돼있고,
선생님들이 설명하는 건 거의 다 적혀있어서 공부할 때 너무 좋다.

·이OO 학생 (sh******@gmail.com)
어휘선택이 많이 부족했었는데, 선생님께서 자료를 추천해주시고 뽑아주셔서 시험을 잘 본 기억이 있습니다.
스승의날 자료가 정말 도움이 많이 됐습니다.

·최OO 강사 (ww****@naver.com)
이런 자료가 필요했는데 그동안은 없었던 게 아쉬웠어요!
특히 아이들에게 늘 지문을 3줄로 요약하도록 지도했었는데, 개요도를 이용하니 편리하고 도움이 많이 됩니다.

·임OO 강사 (li****@gmail.com)
학원에 있는 1-2등급 학생들이 목말라 하는 자료가 딱 스승의날 시뮬레이션에서 나오는 요약문 스타일이에요.

·장OO 원장 (ur****@naver.com)
어법, 어휘 문제를 풀면서 동시에 개요도를 통해 문단 구조와 내용을 정리할 수 있어서 너무 좋습니다.

·박OO 원장 (hi*********@hotmail.com)
우연히 황인영 영어카페에서 자료를 봤는데 정말 획기적이네요.
천편일률적으로 만들어진 자료들과 달랐습니다.

·안OO 원장 (sm*****@naver.com)
내신 시험에서 내용을 잘 알아야 풀 수 있는 문제들과 요약 문제들의 갯수가 늘어나는 경향이 있어
스승의날 자료로 도움 받고 있습니다.

·백OO 원장 (li*****@naver.com)
아이들에게 직접 개요도를 적도록 시켰었는데 시간도 오래걸리고 어려워하는 아이들도 있었어요.
스승의날 자료가 너무 유용합니다^^

2022년 온라인 누적 다운로드

15만+

*각 커뮤니티 조회수 및
설문조사 데이터 기준

2022년 온라인 유료 이용자 수

500+

*스승의날 Pro 가입자 수

2022년 자사 교재 판매 부수

3만+

*대형서점, 총판,
자사판매 총 합계 기준

> EBS 수능특강 영어 분석서
(고3 내신용/기타 실력용)

EBS 수능특강 영어「1시 10분」(2023학년도)
2024학년도 버전 출시 준비 중입니다.

> 11월 수능날, 그 날의 1시 10분,
> 그 1시간 10분을 너의 것으로 "

> 2023학년도 첫 출시,
예약판매 일주일 만에
베스트셀러 등극!

QR코드를 스캔하여
관련 기사를 확인하세요!

> 수특영어 1시 10분 콘텐츠
(교재구성은 달라질수 있습니다.)

> 1단계 : 손필기분석지 ★
> 2단계 : 컴팩트
> 3단계 : 손바닥개요도 ★
> 4단계 : 배열 변형문제
> 5단계 : 어법 변형문제
> 6단계 : 서술형 변형문제

수만휘 고3들에게 BEST 내신자료,
스승의날 손바닥개요도의 인기!

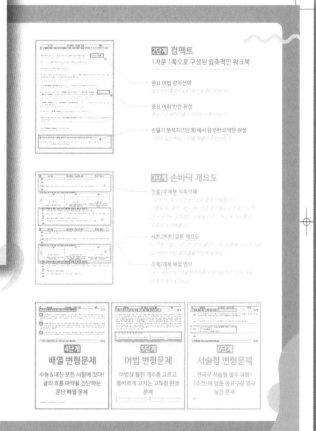

2단계 컴팩트
1지문 1쪽으로 구성된 압축적인 워크북

- 중요 어법 양자선택
- 중요 어휘 빈칸 완성
- 손필기 분석지(1단계)에서 공부한 요약문 완성

3단계 손바닥 개요도
- 첫 출/주제문 직독직해
- 서론/본론/결론 개요도
- 주제/제목 배열 영작

단계별 미리보기

1단계 손필기 분석지
- 주제문 표시
- 중요구문 표시
- 주어(S)/동사(V)/절(O) 구조 분석
- 중요 어법 출제 포인트
- 중요 유의어/반의어/혼동어휘
- 지문 내 핵심 어휘를 활용한 요약문
- 서론/본론/결론 개요도
- 한글과 영어로 악히는 주제/제목

4단계 배열 변형문제
수능&내신 모든 시험에 있다!
글의 흐름 파악을 진단하는
문단 배열 문제

5단계 어법 변형문제
어법상 틀린 개수를 고르고
올바르게 고치는 고득점 완성
문제

6단계 서술형 변형문제
전국구 서술형 필수 유형!
<조건>에 맞춘 중요구문 영작
실전 문제

119개 개념으로 완성하는 중고등 영어문법서

단서문

119 ^{2A}

단권화   서술형   더또

119개
비밀의 단서를 찾아
서술형+문법 정복!

스승의날
Teachers Day Publisher

EXERCISE

A 다음 문장의 밑줄 친 부분을 바르게 고쳐 쓰시오.

1 Like children their parents? Do children like
아이들은 그들의 부모를 좋아하니?

2 Cathy <u>don't</u> have much money. doesn't
Cathy는 많은 돈을 가지고 있지 않다.

3 Tom and I <u>am playing</u> soccer after school. are playing
Tom과 나는 방과 후에 축구를 하고 있다.

4 The moon <u>move</u> around the earth. moves
달은 지구 주위를 돈다.

A

1 일반동사 의문문은 현재 시제「Do/Does+주어+일반동사형 ~?」으로 나타낸다.
2 주어가 3인칭 단수이므로 doe가 적절하다.
3 주어인 Tom and I가 복수현재 진행형의 be동사는 are절하다.
4 주어가 3인칭 단수이므로 동에 -s를 붙인다.

B 다음 문장을 ( ) 안의 지시대로 바꿔 쓰시오.

1 Some kinds of animals work for people. (부정문으로) 어떤 종류의 동물들은 사람들을 위해 일한다.
→ ___ Some kinds of animals don't work for people.

2 Tommy decides to sell his new car. (의문문으로) Tommy는 그의 새 차를 팔기로 결정한다.
→ ___ Does Tommy decide to sell his new car?

3 My father works in the hospital. (현재 진행형으로) 우리 아버지는 병원에서 일하신다.
→ ___ My father is working in the hospital.

4 My daughter is playing the cello. (현재 시제 부정문으로) 내 딸은 첼로를 연주하고 있다.
→ ___ My daughter doesn't play the cello.

B

1 주어가 Some kinds of anim이고 동사가 일반동사이므로 d를 사용한다.
2 주어가 3인칭 단수이므로 Doe문장 앞에 쓰고 동사는 원형을
3 주어가 3인칭 단수이므로 is를하고 work에 -ing를 붙여 진을 만든다.
4 동사가 일반동사이고 주어가 3단수이므로 현재 시제 부정doesn't를 사용한다.

C 다음 ( ) 안에 주어진 단어를 알맞게 바꿔 대화를 완성하시오.

1 A It's too noisy. What's happening? 너무 시끄러워. 무슨 일이니?
  B Chris ___ is shouting ___ at the dog. (shout) Chris가 개에게 소리지르고 있어.
  A Why is she shouting at the dog? 왜 개한테 소리지르는데?
  B She ___ dislikes ___ the dog very much. (dislike) 그녀는 개를 아주 싫어해.

2 A What time does Tommy get up? Tommy는 몇 시에 일어나니?
  B He ___ gets ___ up at six every morning. (get) 그는 매일 아침 6시에 일어나.
  A Why does he get up early? 그는 왜 그렇게 일찍 일어나니?
  B Because he ___ takes ___ the school bus at seven. (take) 왜냐하면 7시에 학교 버스를 타거든.

C

1 현재의 일시적 상황을 설명할 때현재 진행 시제가 적절하고, 사나 습관 등은 현재 시제로 표현한
2 every morning으로 보아 습관표현하므로 현재 시제가 적절하다.

D 다음 ( ) 안에 주어진 말을 사용하여 우리말을 영작하시오.

1 Carol은 지금 강에서 수영을 하고 있지 않습니다. (swim)
→ ___ Carol is not swimming in the river now.

2 당신의 선생님은 당신에게 카드를 보냅니까? (send)
→ ___ Does your teacher send you a card?

3 학교는 보통 오전 8시에 시작한다. (usually, start)
→ ___ School usually starts at 8:00 a.m..

D

1 수영을 하고 있지 않다는 표현으보아 현재 진행형이며 부정이「be동사+not+동사원형-ing」사용한다.
2 주어가 3인칭 단수이고 send가반동사이므로 「Does+주어+동원형 ~?」의 형태로 의문문을 만든
3 빈도부사 usually는 일반동사 앞넣고, 주어가 3인칭 단수이므로사는 starts가 적절하다.

EXERCISE

A 다음 ( ) 안에서 알맞은 말을 고르시오.

1 Cathy (leaves, left ✓) Korea five years ago. Cathy는 5년 전에 한국을 떠났다.

2 (Did ✓, Were) you have dinner with Tom yesterday? 너는 어제 Tom과 저녁 식사를 했니?

3 I (didn't ✓, wasn't) old enough to go to school last year. 나는 작년에 학교에 갈 만큼 나이가 들지 않았었다.

4 I (read, was reading ✓) a book when my mom called me. 엄마가 나에게 전화하셨을 때 나는 책을 읽고 있었다.

B 다음 문장에서 틀린 부분을 바르게 고쳐 문장을 다시 쓰시오.

1 This house was belonging to my mother at that time.
→ _____ This house belonged to my mother at that time. _____
이 집은 그 당시 우리 어머니 것이었다.

2 One day, the prince meets a princess and falled in love.
→ _____ One day, the prince met a princess and fell in love. _____
어느 날 왕자는 공주를 만나 사랑에 빠졌다.

3 Tom didn't be kind to me because I was late.
→ _____ Tom wasn't kind to me because I was late. _____
Tom은 내가 늦었기 때문에 나에게 친절하지 않았다.

4 Why do you met my uncle last night?
→ _____ Why did you meet my uncle last night? _____
왜 너는 어젯밤 우리 삼촌을 만났니?

B
1 belong은 소유의 의미로 진행형으로 쓸 수 없으므로 과거형이 적절하다.
2 one day는 과거의 '어느 날'이라는 의미이므로 동사의 과거형인 met과 fell이 적절하다.
3 be동사의 과거 부정문이므로 wasn't가 적절하다.
4 의문사가 있는 과거 의문문은 「의문사+did+주어+동사원형 ~?」의 어순이다.

C 다음 ( ) 안에 주어진 단어를 알맞게 바꿔 대화를 완성하시오.

1 A What time did you have dinner yesterday? 어제 몇 시에 저녁 식사를 했니?
B I ___had___ dinner at seven. (have) 7시에 저녁 식사를 했어.
A What were you doing at nine? 9시에는 뭐 하고 있었니?
B I ___was watching___ a new sitcom on TV. (watch) TV에서 새 시트콤을 보고 있었어.

2 A How was your vacation? 방학은 어땠니?
B It ___was___ great. (be) I ___went___ to Jejudo with my family. (go)
멋졌어. 가족과 함께 제주도에 갔어.

D 다음 ( ) 안에 주어진 말을 사용하여 우리말을 영작하시오.

1 나는 어제 하루 종일 TV를 보았다. (watch TV, all day long)
→ _____ I watched TV all day long yesterday. _____

2 그때 당신은 샤워하는 중이었나요? (take a shower)
→ _____ Were you taking a shower then? _____

3 민수는 지난 주말에 농구를 했니? (play basketball)
→ _____ Did Minsu play basketball last weekend? _____

EXERCISE

A 다음 ( ) 안에서 알맞은 말을 고르시오.

1 Will Mr. Parker (arrives, ~~arrive~~, arriving) here tomorrow?

2 John (doesn't, ~~won't~~, isn't) study at the library any more.

3 They say Cathy (~~is going to~~, going to, is going) marry John next month.

4 I (go, ~~am going~~, went) to the pool with my family next weekend.

5 You (don't be, aren't, ~~won't be~~) late for school if you start now.

해석 1. Parker 씨는 내일 여기 도착하나요? 2. John은 더 이상 도서관에서 공부하지 않을 것이다. 3. 그들은 Cathy가 John과 다음 달 결혼할 것이라고 말한다. 4. 나는 다음 주말 가족과 함께 수영장에 갈 것이다. 5. 지금 출발하면 너는 학교에 늦지 않을 거야.

A
1 「Will+주어+동사원형 ~?」이
야 한다.
2 미래 시제의 부정이므로 wor
적절하다.
3 will과 같은 의미의 미래 조동사
태는 be going to이다.
4 왕래발착 동사의 가까운 미래
현할 때 현재 진행형이 가능하다
5 내용상 미래의 표현이므로 wo
be가 적절하다.

B 다음 문장을 ( ) 안의 지시대로 바꿔 쓰시오.

1 Did you stay at home last weekend? (next weekend로 바꾸어서)

→ _Will you stay at home next weekend? / Are you going to stay at home next weekend?_

2 The ship leaves for New York tomorrow. (I를 주어로, 가까운 미래 시제로)

→ _I am leaving for New York tomorrow._

3 If the weather will be fine, we will go on a picnic. (틀린 부분을 고쳐서)

→ _If the weather is fine, we will go on a picnic._

4 When he visited London, it was raining. (be going to 미래 시제로 고쳐서)

→ _When he visits London, it is going to rain._

해석 1. 너는 지난 주말에 집에 있었니? 2. 그 배는 내일 뉴욕을 향해 출발한다. 3. 날씨가 좋으면 우리는 소풍을 갈 거야. 4. 그가 런던을 방문했을 때 비가 내리고 있었다.

B
1 next weekend는 미래이드
will 혹은 be going to를 사용하
2 leave는 왕래발착 동사이므로 한
진행형으로 가까운 미래를 표현한
3 if가 이끄는 조건의 부사절에서
재 시제인 is가 미래의 의미를 나
낸다.
4 when이 이끄는 시간의 부사절
므로 visited는 현재형으로, w
raining은 is going to rain으
고친다.

C 다음 ( ) 안에 주어진 단어를 알맞게 바꿔 대화를 완성하시오.

1 A Sam, let's play tennis this Saturday.
B Sorry, but I can't. I _will visit (= am going to visit)_ my grandparents this Saturday. (visit)
A How about Sunday?
B OK. I will call you when I _come_ back. (come)

2 A When can we meet Eric?
B Please wait. When he _finishes_ the show, he will meet you. (finish)

해석 1. A: Sam, 이번 주 토요일에 테니스 치자. B: 미안하지만 안 돼. 이번 주 토요일에 할아버지, 할머니를 방문할 거야. A: 일요일은 어때? B: 좋아. 내가 돌아오면 전화할게. 2. A: 우리 언제 Eric을 만날 수 있어? B: 기다려 봐. 그가 쇼를 끝내면 너를 만날 거야.

C
1 '이번 주 토요일'이라고 미래를
타내므로 will이나 be going to
사용한다. / when이 이끄는
의 부사절이므로 come은 그다
현재 시제로 쓴다.
2 쇼가 끝나는 시점이 미래이지만,
간의 부사절에서는 현재 시제가
래를 대신한다.

D 다음 ( ) 안에 주어진 말을 사용하여 우리말을 영작하시오.

1 나의 아버지는 오늘 회사에 가지 않으실 것이다. (go to work)

→ _My father will not(= won't) go to work today. / My father isn't going to go to work today._

2 너는 내일 세차를 할 거니? (wash)

→ _Will you wash your car tomorrow? / Are you going to wash your car tomorrow?_

3 비가 온다면, 우리는 집에서 머물 것이다. (rain)

→ _If it rains, we will stay at home._

D
1 미래 시제의 부정은 will not 혹
be not going to를 사용한다.
2 미래 시제의 의문문은 will을 문
에 쓰거나 「Be동사+주어+goin
to+동사원형 ~?」의 형태가 된
3 조건의 부사절이므로 현재형 rain
를 사용하여 미래를 표현한다.

01 다음 문장의 빈칸에 알맞은 말은?

Rice _____ grow in a cold climate.

① don't ② is ✔③ doesn't
④ isn't ⑤ was

벼가 추운 기후에서 자라지 않는다는 일반적인 사실이므로 현재 시제가 적절하다.
• rice 쌀, 벼 • climate 기후
해석 벼는 추운 기후에서 자라지 않는다.

02 다음 밑줄 친 부분을 바르게 고칠 때 알맞은 것은?

<u>Does</u> the weather good when you were on vacation?

① Did ② Is ✔③ Was
④ Do ⑤ will

문장의 시제로 보아 과거 시제이며 내용상 be동사가 적절하다.
해석 방학 동안 날씨가 좋았니?

해석 ① Tony는 방에서 만화책을 읽는다. ② 너는 이번 겨울 방학에 스키를 타러 갈 것이다. ③ Laura는 어젯밤 나에게 전화를 했다. ④ 그들은 지구가 둥글다고 말한다. ⑤ Cathy는 그녀의 어머니가 설거지하는 것을 도울 것이다.

03 다음 문장을 지시대로 바꿔 쓸 때 바르지 <u>않은</u> 것은?

① Tony reads a cartoon book in his room.
(미래형으로)
→ Tony will read a cartoon book in his room.

② You will go skiing this winter vacation.
(의문문으로)
→ Will you go skiing this winter vacation?

✔③ Laura phoned me last night. (부정문으로)
→ Laura phoned not me last night.

④ They say that the earth is round.
(과거형으로)
→ They said that the earth is round.

⑤ Cathy is going to help her mother do the dishes. (의문문으로)
→ Is Cathy going to help her mother do the dishes?

③ 일반동사의 과거 부정문은 「did not+동사원형」으로 쓴다.
• cartoon 만화 • go skiing 스키타러 가다 • earth 지구 • round 둥근

04 다음 중 밑줄 친 부분의 쓰임이 나머지와 <u>다른</u> 것은?

① Mrs. Parker is <u>coming</u> from New York this evening.
② You are <u>going</u> to school next weekend.
③ I am <u>going</u> back home in a few days.
④ The birthday party is <u>starting</u> in 5 minutes.
✔⑤ We are <u>going</u> to play soccer after school.

⑤ 「be going to+동사원형」의 표현이고, 나머지는 왕래발착 동사의 현재 진행형이 가까운 미래를 나타내고 있다.
해석 ① Parker 여사는 오늘 저녁 뉴욕으로 올 것이다. ② 너는 다음 주말 학교에 갈 것이다. ③ 나는 며칠 내로 집에 돌아올 것이다. ④ 생일 파티가 5분 후에 시작될 것이다. ⑤ 우리는 방과 후에 축구를 할 것이다.

[5~6] 다음 중 밑줄 친 부분의 쓰임이 옳은 것을 고르시오.

05 ① I am <u>having</u> a pencil in my hand.
② Steve is <u>liking</u> your sister.
③ Are you <u>wanting</u> some milk?
④ This house is <u>belonging</u> to John.
✔⑤ What are you <u>looking</u> for?

have, like 등 상태나 소유의 의미 동사는 현재 진행형으로 쓸 수 없다.
해석 ① 나는 손에 연필을 가지고 있다. ② Steve는 너의 여동생을 좋아한다. ③ 우유 좀 마실래? ④ 이 집은 John의 소유이다. ⑤ 너는 무얼 찾고 있니?

06 ① It was warm, so I <u>takes</u> off my coat.
✔② I was very tired, so I <u>went</u> to bed early.
③ It was a funny situation, but nobody <u>laughing</u>.
④ Mary was in a hurry, but she <u>has</u> no time to call you.
⑤ The window was open, and a bird <u>flyed</u> into the room.

내용상 과거이므로 ① takes → took ③ laughing → laughed ④ has → had ⑤ flyed → flew가 적절하다.
해석 ① 더웠기 때문에 나는 코트를 벗었다. ② 나는 아주 피곤해서 일찍 잠자리에 들었다. ③ 우스운 상황이었지만, 아무도 웃지 않았다. ④ Mary는 서둘렀지만, 너에게 전화할 시간은 없었다. ⑤ 창문이 열려 있어서 새가 방으로 날아 들어왔다.

07 다음 대화의 빈칸에 알맞지 <u>않은</u> 말은?

A What is Mary going to do _____?
B She's going to go to a concert.

① tonight ② tomorrow
✔③ last Sunday ④ this evening
⑤ next month

미래에 대한 질문이므로 과거의 부사구는 함께 쓰일 수 없다.
해석 A: Mary는 _____에 무엇을 할까? B: 그녀는 콘서트에 갈 거야.

08 다음 문장을 지시대로 바꿔 쓸 때 알맞은 것은?

> Do you have breakfast every day?
> (주어를 Michael로) 너는 매일 아침 식사를 하니?

① Is Michael have breakfast every day?
② Have Michael breakfast every day?
③ Does Michael has breakfast every day?
✔④ Does Michael have breakfast every day?
⑤ Has Michael breakfast every day?

주어가 3인칭 단수 현재 시제이므로 문장 앞에 Does를 사용하고 동사원형을 쓴다.
해석 ④ Michael은 매일 아침 식사를 하니?

09 다음 대화의 빈칸에 공통으로 들어갈 알맞은 말은?

> A How _____ your trip to Thailand?
> B It _____ fantastic. There were so many old palaces in Thailand.

① is   ✔② was   ③ are
④ were   ⑤ being

문맥상 과거 사실에 대한 질문과 대답이므로 과거형이 들어가야 하고, 주어가 3인칭 단수이므로 was가 적절하다.
해석 A: 태국 여행은 어땠어?
B: 환상적이었어. 태국에는 아주 오래된 궁전이 많았어.

해석 ① 나는 오늘밤 그녀를 방문하러 갈 것이다. ② Cathy는 나중에 날씨가 좋아질 것이라고 생각한다. ③ 우리는 내일 쇼핑하러 갈 것이다. ④ Parker 씨는 다음 주 캐나다로 떠날 것이다. ⑤ 비가 올 거라고 생각하니?

10 다음 짝지어진 두 문장의 의미가 같지 않은 것은?

① I'll go and visit her tonight.
   → I'm going to visit her tonight.
② Cathy thinks the weather will be nice later.
   → Cathy thinks the weather is going to be nice later.
③ We are going to go shopping tomorrow.
   → We are going shopping tomorrow.
✔④ Mr. Parker is leaving for Canada next week.
   → Mr. Parker leaves for Canada next week.
⑤ Do you think it will rain?
   → Do you think it is going to rain?

④ 주어진 문장은 미래를 대신하는 현재 진행형이고, 두 번째 문장은 단순 현재 시제이다.

[11~12] 다음 문장의 밑줄 친 부분을 바르게 고쳐 쓰시오.

11

> I will go to L.A. before Mr. Kim come back next year. comes

before는 시간의 접속사이므로 현재가 미래를 대신하여 3인칭 단수에 맞는 comes가 온다.
해석 나는 김 씨가 내년에 돌아오기 전에 L.A.로 갈 것이다.

12

> The teacher says that the Korean War break out in 1950. broke

한국 전쟁은 역사적 사실이므로 동사의 과거형이 와야 한다.
해석 선생님은 한국 전쟁이 1950년에 발발했다고 말씀하신다.

13 다음 ( ) 안의 단어를 사용하여 우리말을 영작하시오.

> 나는 Mr. Kim이 돌아올 때까지 기다릴 것이다.
> (until, come back)

→ I'll(=I will) wait for Mr. Kim until he comes back.

until이 시간의 부사절을 이끌고 주어가 3인칭 단수이므로 동사의 형태는 comes가 적절하다. / • wait for ~를 기다리다

14 다음 대화를 순서에 맞게 배열하시오.

> A That's too bad.
> B Mom, I took a math test.
> C How did you do?
> D I got a bad grade on the test.
> E I'll do my best next time.

→ B – C – D – A – E

시험 결과에 대해 엄마와 대화를 나누는 내용이다.
해석 B: 엄마, 수학 시험을 봤어요. C: 어땠니? D: 시험에서 나쁜 점수를 받았어요. A: 안됐구나. E: 다음 번엔 최선을 다할게요.

15 다음 ( ) 안에 주어진 단어를 알맞게 바꿔 대화를 완성하시오.

날씨가 좋아서 산책을 가겠다고 하자 같이 가자는 내용으로 모두 미래 시제가 적절하다. / • indoors 실내에서

> It's a nice day. You decide to take a walk. Before going outside, you tell your friend.
> You   The weather is too nice to stay indoors. I will take a walk. (take)
> Friend That's a good idea. I will join you. (join)

해석 좋은 날이다. 너는 산책을 가기로 결심한다. 밖으로 나가기 전에 너는 친구에게 말한다. / 당신: 날씨가 너무 좋아서 집 안에만 있을 수 없어. 산책을 갈 거야.
친구: 좋은 생각이네. 나도 같이 갈게.

A 다음 ( ) 안에서 알맞은 말을 고르시오.

1 Peter and Cathy (have✓, has) good parents.
주어가 복수이므로 have가 적절하다.

2 My father (go, goes✓, went) to church every Sunday.
every Sunday로 보아 습관이나 규칙을 말하므로 현재형이 적절하다.

3 (Do, Does, Did✓) you (watch✓, watches, watched) the show on TV last night?
last night으로 보아 과거이므로 Did를 문장 앞에 쓰고 동사원형을 사용한다.

4 How (do, is, will✓) Charlotte finish her book?
'어떻게 끝날까?' 라는 미래에 대한 추측이 적절하다.

5 Please, be quiet! The baby (sleeps, is sleeping✓).
내용상 지금 현재의 순간을 강조하는 현재 진행형이 적절하다.

B 다음 밑줄 친 부분을 ( ) 안의 표현으로 바꿔 문장을 다시 쓰시오.

1 My sister takes a bath <u>every day</u>. (yesterday)

→ _____ My sister took a bath yesterday. _____
시제가 과거이므로 동사를 과거형으로 바꾼다.

2 Peter bought flowers <u>yesterday</u>, and he gave them to Cathy. (tomorrow)

→ _____ Peter will buy flowers tomorrow, and he will give them to Cathy. _____
미래 시제는 「will+동사원형」으로 표현한다.

3 My blue shirt was very dirty, so I washed it <u>last night</u>. (now)

→ _____ My blue shirt is very dirty, so I am(=I'm) washing it now. _____
now이므로 일시적인 순간에 행하고 있는 행동을 강조하는 현재 진행형이 적절하다.

C 다음 문장의 빈칸에 ( ) 안의 말을 알맞은 형태로 바꿔 쓰시오.

1 Tonny __promised__ me he would come back soon. (promise)
will의 과거형인 would로 보아 과거 시제임을 알 수 있다.

2 While it __rains__, we will stay at home. (rain)
while이 시간의 부사절을 이끌고, 시간의 부사절에서는 현재 시제가 미래를 대신한다.

3 If Laura __doesn't invite__ us to the party, we won't go there. (invite, not)
내용상 미래 시제의 일이나, if 조건절은 현재 시제가 미래를 대신하므로 주어에 맞게 doesn't를 사용한다.

4 They said that the sun __is__ much bigger than the earth. (be)
태양이 지구보다 훨씬 더 크다는 것은 불변의 진리이므로 항상 현재형이어야 한다.

5 In Britain the banks usually __open__ at 9:30 in the morning. (open)
현재의 일반적인 사실을 기술하고 있으므로 현재형을 쓴다.

D 다음 대화의 빈칸에 알맞은 말을 쓰시오.

1 A Are you interested in collecting old coins?

B No, ___I'm___ ___not___. I'm interested in collecting new stamps.

be동사의 의문문에 대한 대답은 be동사로 한다.

2 A Will Peter go with us to the beach?

B Yes, ___he___ ___will___. He promised.

미래의 계획을 물었으므로 미래 조동사로 대답한다.

3 A Did they throw a surprise party for Jordy?

B No, ___they___ ___didn't___. They postponed it to this weekend.

과거의 사실을 묻는 표현이므로 did를 사용하여 대답한다. / • postpone 연기하다

E 다음 문장의 <u>틀린</u> 부분을 바르게 고쳐 문장을 다시 쓰시오.

1 Mr. and Mrs. Wilson works for a bank.

→ _____ Mr. and Mrs. Wilson work for a bank.

주어가 복수이므로 일반동사에 -s를 붙이지 않는다.

2 Tom was late for class every day.

→ _____ Tom is late for class every day.

every day로 보아 습관이므로 현재형이 적절하다.

3 If Peter will arrive on time, we won't be late for the meeting.

→ _____ If Peter arrives on time, we won't be late for the meeting.

if의 조건절에서 현재 시제가 미래를 대신하며 주어가 3인칭 단수이므로 동사 뒤에 -s를 붙인다.

4 We knew the earth was round.

→ _____ We knew the earth is round.

불변의 진리는 항상 현재형으로 쓴다.

F 다음 우리말과 같은 뜻이 되도록 빈칸에 알맞은 말을 쓰시오.

1 Cathy는 지금 음악을 듣고 있나요?

→ ___Is___ Cathy ___listening___ to music now?

현재 진행형의 의문문으로 「Be동사+주어+동사원형-ing ~?」의 어순으로 쓴다.

2 나는 어제 호랑이를 처음으로 보았다.

→ I ___saw___ the tiger yesterday ___for___ the ___first___ ___time___.

과거 시제이므로 동사의 과거형을 쓰는 것이 적절하다. / • for the first time 처음으로

3 Peter는 학교에서 프랑스 어를 공부하나요?

→ ___Does___ Peter ___study___ French ___at___ ___school___ ?

현재 시제의 의문문이며 주어가 3인칭 단수이므로 Does를 문장 앞에 붙이고 뒤에는 동사원형을 쓴다. / • at school 학교에서

EXERCISE

A 다음 문장의 밑줄 친 부분을 바르게 고쳐 쓰시오.

1 This company has made a profit <u>three years ago</u>. for three years
이 회사는 3년 동안 이익을 내 왔다.

2 I <u>didn't meet</u> Karl since last year. haven't met
나는 작년 이후로 Karl을 못 만났다.

3 When <u>have you seen</u> the famous opera? did you see
너는 그 유명한 오페라를 언제 봤니?

4 How long <u>did you drive</u> a truck? have you driven
너는 얼마나 오랫동안 트럭을 몰아 왔니?

A

1 현재완료 시제 문장이므로 ago와 같이 과거의 한 시점을 나타내는 말은 올 수 없다. / profit 이익
2 작년 이후로 Karl을 본 적이 없다는 의미이므로 현재완료인 haven't met이 적절하다.
3 when은 과거의 한 시점만을 묻는 의문사로 동사는 과거형을 써야 한다.
4 How long ~?으로 지속 기간에 대해 묻고 있으므로 과거형을 쓸 수 없다. / drive - drove - driven

B 다음 문장을 현재완료 시제로 바꿔 쓰시오.

1 Tom broke his father's glasses.
→ _____ Tom has broken his father's glasses. _____
Tom은 그의 아버지의 안경을 깨뜨렸다.

2 Emily went to the United States.
→ _____ Emily has gone to the United States. _____
Emily는 미국으로 가버렸다.

3 We didn't study for the test at all.
→ _____ We haven't studied for the test at all. _____
우리는 전혀 시험 대비를 하지 않았다.

4 Did Mary invite Peter to the party?
→ _____ Has Mary invited Peter to the party? _____
Mary는 Peter를 파티에 초대한 적이 있니?

B

1 주어인 Tom이 3인칭 단수이므로 has broken을 쓴다.
2 go의 과거분사는 gone이며, have gone to ~는 '~에 가버리고 없다'라는 의미이다.
3 현재완료의 부정문은 「have/has +not+p.p.」의 형태이고, have not은 haven't로 줄여 쓸 수 있다.
4 현재완료의 의문문은 「Have/ Has +주어+p.p. ~?」의 형태로 쓴다.

C 다음 대화의 빈칸에 알맞은 말을 〈보기〉에서 찾아 바른 형태로 쓰시오.

| 보기 | clean | come | arrive | talk | be |

1 A Have you ever _____talked_____ to a foreigner in person? 너는 외국인과 직접 말해 본 적 있니?
B No, I haven't. 아니, 없어.

2 A Julie and I have _____been_____ close since we were in kindergarten. Julie와 나는 유치원 때부터 친한 사이야.
B Really? It's good to have close friends. 그래? 친한 친구가 있다는 건 좋은 일이지.

3 A Janet has already _____cleaned_____ the whole classroom. Janet이 이미 교실 전체를 청소했어.
B Has she? That nice of her. 그래? 그녀가 너무 고마운데.

C

현재완료 시제는 「have/has+p.p.」로 표현한다.
1 Have you ever ~?로 경험을 묻고 있다. / talk to ~와 이야기를 나누다 in person 개별적으로
2 be close는 '가까운 사이다'라는 의미로, be동사의 과거분사는 been이다.
3 뒤에 classroom이 이어지는 것으로 보아 cleaned가 들어가야 한다.

D 다음 ( ) 안에 주어진 말을 사용하여 우리말을 영작하시오.

1 나는 Johnny와 초등학교 때 이후로 알고 지낸다. (since, elementary school)
→ _____ I have known Johnny since elementary school. _____

2 그들은 아직 설거지를 마치지 못했다. (finish, do the dishes, yet)
→ _____ They haven't finished doing the dishes yet. _____

3 너는 피라미드를 본 적 있니? (ever, the Pyramids)
→ _____ Have you ever seen the Pyramids? _____

D

1 초등학교 때부터 지금까지 계속 알고 지내고 있으므로 현재완료(have known)로 표현한다.
2 yet은 not이 쓰인 현재완료 부정문에서 '아직 ~ 않다'라는 뜻을 가진다.
3 상대방의 경험을 묻는 현재완료의 의문문은 「Have you (ever)+ p.p. ~?」의 어순으로 나타낸다.

EXERCISE

A 다음 현재완료 문장의 용법을 쓰시오.

1 She's just finished repairing the fax machine. (완료)
그녀는 막 그 팩스 고치는 것을 끝냈다.

2 The famous architect has gone to Italy. (결과)
그 유명한 건축가는 이탈리아로 가버렸다.

3 Lisa has never seen any of Shakespear's plays. (경험)
Lisa는 한 번도 셰익스피어의 연극을 본 적이 없다.

4 I haven't eaten anything since breakfast. (계속)
나는 아침 식사 이후로 아무것도 먹지 않았다.

B 다음 문장의 밑줄 친 부분을 바르게 고쳐 쓰시오.

1 We were waiting for her for two hours. But we haven't met her until now. *have been waiting*
우리는 두 시간 동안 그녀를 기다려 왔다. 그러나 그녀를 아직까지 만나지 못했다.

2 I have been reading this comic book more than ten times. *have read*
나는 이 만화책을 열 번도 넘게 읽었다.

3 He has repaired the car for three hours. *has been repairing*
그는 세 시간 동안 자동차를 수리 중이고 아직 끝내지 못했다.

4 Have you ever been playing this simulation game before? *Have you ever played*
이 가상 게임을 전에 해 본 적 있니?

C 다음 대화의 빈칸에 알맞은 말을 쓰시오.

1 A Have you ever heard of "Megapauna" fossils?
B What's that? I _____ have _____ never _____ heard _____ of it.
A: '메가파우나' 화석에 대해 들어 봤니? B: 그게 뭐지? 그것을 한 번도 들어 본 적 없어.

2 A How many times _____ have _____ you _____ eaten _____ Indian food?
B I have eaten Indian food twice.
A: 인도 음식을 몇 번이나 먹어 봤니? B: 난 두 번 먹어 봤어.

3 A You speak Japanese very well. How long have you learned it?
B I _____ have _____ been _____ learning _____ Japanese _____ since _____ last year.
A Oh, you're still learning.
A: 너 일본어 아주 잘하는구나. 얼마나 오랫동안 배웠니? B: 작년부터 일본어를 배우고 있어. A: 오, 아직도 배우고 있구나.

4 A Kelly _____ has _____ been _____ watching _____ the DVD _____ for _____ an hour.
B We must tell her to stop watching now.
A: Kelly는 한 시간째 DVD를 보고 있어. B: 그녀에게 이제 그만 보라고 말해야 해.

D 다음 우리말과 같은 뜻이 되도록 빈칸에 알맞은 말을 쓰시오.

1 런던은 19세기 이래로 지하철 시스템을 갖추고 있다.
→ London _____ has _____ had _____ a subway system _____ since _____ 19th century.

2 Peter는 지금까지 얼마나 오랫동안 담배를 피워 오고 있니?
→ How long _____ has _____ Peter _____ been _____ smoking _____ up to now?

3 나는 이 보고서를 세 번 읽었다.
→ I _____ have _____ read _____ this report _____ three _____ times _____ .

A
1 just '이제 막' 끝냈다고 했으므로 현재완료의 완료 용법이다.
2 have/has gone to는 '~로 가 버렸다' 라는 뜻으로 현재는 가고 없는 결과를 나타낸다. architect 건축가
3 never는 '결코 ~ 않다' 라고 경험이 없음을 나타내고 있다.
4 since breakfast '아침 식사 이후로' 지금까지 아무것도 먹지 않았음을 나타내는 계속적 용법이다.

B
과거의 한 시점부터 현재까지 진행 중임을 강조할 때 현재완료 진행형을 쓰고, 형태는 「have/has been -ing」이다.
1 아직까지 못 만났다고 했으므로 '~ 시간 동안 기다려 왔다' 는 현재완료 진행이 되어야 한다.
2 그 책을 열 번 이상 읽은 것은 지금 진행되는 동작이 아니라 현재까지의 경험을 나타내므로 현재완료 시제를 써야 한다.
3 아직 끝내지 못했다고 했으므로 현재완료 진행형인 has been repairing이 되어야 한다.
4 Have you ever p.p. ~ before는 경험을 묻는 말로 진행 시제로 쓸 수 없다. simulation game 가상 게임

C
1 Have you ever heard ~?로 경험을 묻고 있고, 대답에서도 never로 답한 것으로 보아 현재완료가 필요하다. / fossil 화석
2 How many times ~?로 빈도를 묻고 있으므로, 현재완료로 묻고 답한다.
3 아직까지 계속 일본어를 배우고 있으므로 「have been -ing」의 현재완료 진행형을 쓰고, '~ 이래로'라는 뜻의 since가 필요하다.
4 아직까지 계속 DVD를 보고 있으므로, 현재완료 진행형과 '~ 동안' 이라는 뜻의 for가 필요하다.

D
1 19세기부터 지금까지 갖추고 있으므로 현재완료 시제가 온다.
2 과거부터 지금까지(up to now)의 기간을 묻고 있으므로 현재완료 진행형을 쓴다.
3 '세 번 읽었다' 는 이미 완료된 결과에 대해 말하고 있으므로 현재완료를 쓴다.

EXERCISE

A 다음 ( ) 안에서 알맞은 말을 고르시오.

해석 1. 우리 숙모께서 지난주부터 편찮으시다.
2. 어젯밤에 누군가가 우리 집에 침입했다.
3. 너는 전에 Jerry를 몇 번이나 만난 적이 있니?
4. Noah는 지난 달에 그의 가족과 함께 이탈리아로 갔다.

1 My aunt (was, has been ✓) ill since last week.

2 Somebody (broke, has broken) into my house last night.

3 How many times (did you meet, have you met ✓) Jerry before?

4 Noah (went ✓, has gone) to Italy last month with his family.

B 다음 두 문장이 같은 뜻이 되도록 빈칸에 알맞은 말을 쓰시오.

해석 1. 우리 할머니께서 돌아가셨고 이제 그녀는 우리와 함께 계시지 않는다.
2. 우리 사장님은 홍콩에 가셔서 지금 여기 안 계시다.
3. 나의 남동생은 오른쪽 다리가 부러져서 지금도 낫지 않았다.
4. 그들은 오래 전에 새로운 시스템 개발을 시작하였고, 그 시스템 개발을 지금 끝마쳤다.

1 My grandmother died and she isn't here now with us.
→ My grandmother ___has___ ___died___.

2 My boss went to Hong Kong, so he isn't here now.
→ My boss ___has___ ___gone___ to Hong Kong.

3 My brother's right leg was broken, and it is not still well.
→ My brother ___has___ ___broken___ his right leg.

4 They began to develop a new system long time ago, and they finish developing it now.
→ They ___have___ ___developed___ a new system.

C 다음 문장의 밑줄 친 부분을 바르게 고쳐 쓰시오.

A: 나는 전에 이 그룹에 대해 들어 본 적이 없어. 여기에서 유명하니?
B: 응, 아주 인기 있어. 몇 년 동안 유명했는걸.

1 A I have never heard of this group before. Are they famous here?
   B Yes, they are very popular. <u>They were famous for years.</u>
→ _____ They have been famous for years. _____

2 <u>An earthquake has hit last night in Northern California.</u> There are many people who were hurt and are waiting for help from the world. They need our help.
→ _____ An earthquake hit last night in Northern California. _____
북부 캘리포니아에 어젯밤 지진이 강타했다. 많은 사람들이 다쳤고 전 세계로부터 도움을 기다리고 있다. 우리의 도움이 필요하다.

D 다음 우리말과 같은 뜻이 되도록 빈칸에 알맞은 말을 쓰시오.

1 4일 동안 계속 폭풍우가 친다.
→ It ___has___ ___been___ stormy ___for___ four days.

2 너희들은 수학 여행에서 언제 돌아왔니?
→ When ___did___ ___you___ ___come___ back from the school excursion?

3 그들이 막 인천 국제 공항에 도착했다.
→ They ___have___ ___just___ ___arrived___ at Incheon International Airport.

4 그녀는 얼마나 오랫동안 그 회사에서 일했니?
→ How long ___has___ ___she___ ___worked___ at the company?

N.O.T.E.S

A
과거의 일이 현재까지 영향을 미칠 때는 현재완료(have/has+p.p.)를 쓰고, 명백한 과거 시점에 일어난 일일 때는 단순 과거 시제를 쓴다.
1 지난주부터 지금까지 아픈 것이므로 현재완료인 has been이 적절하다.
2 명백한 과거인 last night의 일이므로 단순 과거 시제를 쓴다. break into 침입하다
3 지금까지 Jerry를 만난 빈도를 묻고 있으므로 현재완료가 적절하다.
4 last month가 나왔으므로 현재완료는 올 수 없다.

B
현재완료의 결과 용법은 과거 일의 결과가 현재까지 영향을 미치는 것을 말한다.
1 할머니께서 과거에 돌아가셔서 그 결과 현재 계시지 않음
2 사장이 과거에 홍콩에 가서 현재는 여기 없음
3 남동생의 오른쪽 다리가 부러져서 아직 다 낫지 않았음
4 과거에 새 시스템을 개발하여 현재 그것을 끝냈음 / develop 개발하다

C
1 for years는 '몇 년 동안'의 지속 기간을 나타내므로 현재완료 시제가 되어야 한다.
2 last night은 과거의 한 시점을 나타내므로 과거 시제를 써야 한다. hit 덮치다, 치다(-hit-hit)

D
1 현재완료의 계속 용법으로, 구체적인 기간이 나왔으므로 '~ 동안'이라는 뜻의 for를 쓴다.
2 when은 과거의 한 시점을 묻는 의문사이므로, 현재완료가 아닌 단순 과거 시제와 함께 써야 한다.
3 '지금 막'이라는 뜻의 단어인 just는 현재완료의 완료 용법 문장에 사용되며 완료형 조동사(have)와 과거분사(p.p.) 사이에 온다.
4 How long ~?으로 시작하는 의문문은 기간을 묻는 것이므로, 현재완료 시제와 함께 쓴다.

해석 한국 사람들은 500년이 넘게 한글을 사용해 오고 있다.

01 다음 문장의 빈칸에 가장 알맞은 말은?

> Koreans _____ *Hangul*, the Korean alphabet, for over 500 years.

① used   ② have been used

✔③ have been using   ④ has used

⑤ has been used

한국 사람들은 500년이 넘게 한글을 사용해 오고 있고, 지금도 사용하고 있으므로 현재완료 진행형이 알맞다.

02 다음 문장과 의미하는 바가 같은 것은?

> Donna moved to San Diego two years ago, and she still lives there now.

① Donna lived in San Diego two years ago.

② Donna liked to live in San Diego.

③ Donna has been to San Diego before.

✔④ Donna has lived in San Diego for two years.

⑤ Donna has been lived in San Diego for two years.

2년 전에 이주하여 지금도 그곳에 살고 있으므로 현재완료 시제가 적절하다.

해석 Donna는 2년 전 샌디에고로 이사를 갔고 지금 거기 살고 있다.

03 다음 두 문장을 한 문장으로 만드시오.

> Nancy started to cry last night. She is still crying.

→ Nancy는 어젯밤부터 계속 울고 있다.
Nancy has been crying since last night.

어젯밤에 울기 시작해 현재도 여전히 울고 있으므로, 과거에 시작한 동작이 현재까지 지속됨을 나타내는 「have/has been -ing」의 현재완료 진행형을 사용한다.

[4~5] 다음 〈보기〉의 밑줄 친 부분과 쓰임이 같은 것을 고르시오.

04

> 보기 I have never seen such a huge tree.
> 나는 그렇게 큰 나무를 본 적 없다.

① The first train has just left. 첫 기차가 막 떠났다.

② He has already made a snowman.
그는 벌써 눈사람을 만들었다.

③ We've stayed here for two days.
우리는 이틀 동안 이곳에 머무르고 있다.

④ Tony has been in Korea for a long time.
Tony는 오랫동안 한국에 있어 왔다.

✔⑤ No one has ever succeeded in solving it.
그것을 푸는 데 아무도 성공하지 못했다.

〈보기〉의 밑줄 친 현재완료는 '~해 본 적 있다' 라는 뜻의 경험을 나타낸다.
①, ② 완료 ③, ④ 계속 ⑤ '결코 성공한 적이 없다' 는 경험

해석 ① 그 소녀는 이미 그녀의 의무를 다 했다. ② 연예인을 만나 본 적 있니? ③ 모든 이들이 운동하기 위해 밖으로 나가버렸다. ④ Susan은 1년 동안 축구를 해 왔다. ⑤ 나는 전에 한 번도 오리고기를 먹어 본 적이 없다.

05

> 보기 How long have you lived here in Korea?
> 한국에서 여기에 얼마나 오랫동안 살고 있는 거니?

① The girl has already done her duty.

② Have you ever met an entertainer?

③ Everybody has gone out for exercise.

✔④ Susan has played soccer for a year.

⑤ I have never eaten duck meat before.

〈보기〉의 문장은 How long ~?으로 시작되는 계속 용법의 현재완료 문장이다.
① 완료 ② 경험 ③ 결과 ④ 계속 ⑤ 경험

06 두 문장을 한 문장으로 만들 때 빈칸에 알맞은 것은?

> Jack과 Jill은 1994년에 결혼했다.
> • Jack and Jill got married in 1994.
> • Jack and Jill are still married to each other.
> → Jack and Jill _____ to each other since 1994.

① were married   ② have married

③ were marrying   ✔④ have been married

⑤ will be married

'Jack과 Jill은 1994년 이래로 결혼 생활을 유지해 오고 있다' 라는 의미가 되어야 하므로, 현재완료의 계속 용법을 사용하여 have been married라고 표현한다. 여기서 married는 동사가 아니라, '결혼한' 이라는 뜻의 형용사이다.

07 다음 밑줄 친 부분을 ( ) 안의 말로 바꿔 쓰시오.

> Mr. Johnson was in California last year. (since last year) Johnson 씨는 작년에 캘리포니아에 있었다.

→ _____ Mr. Johnson has been in California since last year.

since last year는 기간을 나타내는 표현이므로, 과거 시제가 아닌 현재완료 시제와 함께 써야 한다.

08 다음 중 어법상 어색한 문장은?

① I've been teaching English for 20 years.
나는 20년 동안 영어를 가르치고 있다.

② How long have you been learning Chinese?
얼마나 오랫동안 중국어를 배워 오니?

③ Matt Damon has been acting since 1990.
Matt Damon은 1990년 이래로 연기를 해 왔다.

✔④ We've been knowing each other for several months. 우리는 몇 개월 동안 서로 알아 왔다.

⑤ She has been searching for her dog since this morning. 그녀는 오늘 아침부터 그녀의 개를 찾고 있다.

know, have, remember 등의 지속적인 상태를 나타내는 동사들은 현재완료 진행형으로 쓸 수 없고, 현재완료의 계속 용법으로 써야 한다.

09 다음 우리말을 영어로 바르게 옮긴 것은?

> 나는 전에 그의 그림을 여러 번 본 적 있다.

① I saw his paintings many times ago.
② I have seen his paintings many times ago.
✔③ I have seen his paintings many times before.
④ I have been seeing his paintings many times ago.
⑤ I have been seeing his paintings many times before.

과거에서 현재까지의 그림을 본 경험을 말하고 있다. 경험은 현재완료 시제로 나타내며, 현재완료에서 '전에'는 before로 나타낸다.

[10~11] 다음 두 문장이 같은 뜻이 되도록 빈칸에 알맞은 말을 쓰시오.

10

> They began arguing thirty minutes ago.
> They're still arguing.
> → They __have__ __been__ __arguing__ __for__ thirty minutes.

30분 전에 논쟁하기 시작하여 아직도 논쟁 중이라고 하였으므로 현재완료 진행형의 「have/has been -ing」를 쓴다. 주어가 복수이므로 have를 쓴다.
해석 그들은 30분 동안 계속 논쟁하고 있다.

11

> My brother went to San Francisco. So he isn't here now.
> → My brother __has__ __gone__ to San Francisco.

샌프란시스코에 가서 지금 여기 없다고 했으므로 has gone이 적절하다.
해석 내 남동생은 샌프란시스코로 가버렸다.

[12~14] 밑줄 친 ①~⑤ 중 어색한 것을 고르시오.

12

> Tiffany is on her way to France. She has ①been on an airplane before, and she has ✔②gone to the country. But she has never seen the Eiffel Tower and never ③used Euro money. She has never ④spoken to a Frenchman and never ⑤eaten French food. Tiffany is going to try all these things for the first time. She can't wait.

'~에 가 본 적 있다' 라는 경험은 have/has been으로 표현한다. have/has gone은 '가버리고 없다' 라는 뜻이다.

13

> Mr. and Mrs. Smith are very angry. They ①have had a lot of problems in their apartment recently. They ②have been calling their landlord many times and complained about their problems. He ③has promised to help them, but they ④have been waiting for more than a week, and still he ⑤has not fixed anything they asked.

② many times가 있으므로 현재완료 진행형이 아니라 경험을 나타내는 현재완료 (have called)가 되어야 한다.

해석 Smith 씨 부부는 매우 화가 났다. 그들은 최근 아파트에 많은 문제가 있어 왔다. 그들은 여러 번 집주인에게 전화를 해서 문제에 대해 불평했다. 그는 그들을 돕겠다고 약속해 왔다. 그러나 그들은 일주일 이상 기다려왔고 아직껏 그는 그들이 요구한 것을 아무것도 수리해 주지 않았다.

⑤ has become과 같은 현재완료 시제가 오려면, if절에 과거 시제 was accepted가 되어야 맞다. 여기서는 if절의 시제가 현재이므로 주절은 anything will become과 같이 미래 시제가 되어야 한다.

14

> Money has not always been bills and coins. In many parts of the world people ①have used other things. Precious stones and valuable cloth ②have all been used as money at times. But people ③have also given special value to other kinds of objects. For example, in Ethiopia, blocks of salt have been used as money. In India, special kinds of shells ④have been used. In fact, anything ✔⑤has become money if it is accepted by everyone as money.

해석 돈은 지폐나 동전의 형태만 있어 왔던 것은 아니다. 세상의 많은 지역에서 사람들은 다른 것들을 사용해 왔다. 보석이나 가치 있는 옷감은 때때로 모두 돈으로 사용되어 왔다. 하지만 사람들은 다른 종류의 물건에도 특별한 가치를 부여해 왔다. 예를 들어, 에티오피아에서는 소금 결정이 돈으로 사용되었다. 인도에서는 특별한 조개껍데기가 사용되었다. 사실, 모든 사람들에 의해 돈으로 받아들여진다면, 무엇이든 돈이 될 것이다.

해석 Tiffany는 지금 프랑스로 가는 길이다. 그녀는 전에 비행기를 타고, 그 나라에 가 본 적이 있다. 그러나 그녀는 에펠탑을 보거나 유로화를 사용해 본 적은 없다. 프랑스 인에게 말을 해 본 적도 없고 프랑스 음식을 먹어 본 적도 없다. Tiffany는 이 모든 것을 생전 처음으로 시도해 볼 것이다. 그녀는 정말 기대에 부풀어 있다.

15 다음 우리말을 영어로 옮길 때 빈칸에 알맞은 말을 쓰시오.

> Cindy는 최근에 새로운 직장을 구하고 있다.
> → Cindy __has__ __been__ __looking__ __for__ a new job lately.

과거에서 지금까지 일정 기간 동안 구직을 하고 있고 현재도 그 활동이 끝나지 않았으므로 「have/has been -ing」의 현재완료 진행형을 쓴다.

 A 다음 ( ) 안에서 알맞은 말을 고르시오.

1 I (met✔, have met) your mother a week ago.
a week ago는 과거의 명백한 한 시점을 나타내는 부사구이므로 현재완료는 올 수 없다.

2 Sunny (went, has been✔) to Mexico many times before.
many times라는 표현은 과거의 한 시점이 아니라 과거에서 현재까지 이르는 기간이므로 현재완료가 알맞다.

3 When (did you see✔, have you seen) our homeroom teacher?
when으로 시작되는 의문문은 과거의 명백한 한 시점을 요구하므로 현재완료 시제는 올 수 없다.

 B 다음 문장의 빈칸에 ( ) 안의 단어를 알맞은 형태로 바꿔 쓰시오.

1 At last, spring has ___come___. (come)
have나 has 다음에는 과거분사(p.p.)가 와서 현재완료 시제를 이룬다. come – came – come

2 We have already ___taken___ a walk. (take)
take의 과거분사형은 taken이다.

3 How long have you been ___studying___ English? (study)
빈칸에는 「have/has been -ing」의 현재완료 진행 시제에 맞도록 study를 현재분사로 바꾸어 써야 한다.

 C 다음 문장의 빈칸에 알맞은 것을 고르시오.

1 We _____ each other for a long time.
① know   ② are knowing   ✔③ have known
오래 전부터 현재까지 지속되는 상태이므로 현재완료가 알맞다.

2 How long _____ up to now?
① did it rain   ② was it raining   ✔③ has it been raining
up to now는 '지금까지'라는 뜻이며 과거에 비가 내리기 시작해서 현재까지 진행 중인 동작이므로 「have/has been -ing」의 현재완료 진행형이 알맞다.

3 The boy has watched TV _____.
① last night   ② an hour ago   ✔③ since this morning
시제가 현재완료이므로 과거에서 현재까지의 기간을 나타낼 수 있는 since this morning만이 올 수 있다.

 D 다음 문장의 <u>틀린</u> 부분을 바르게 고쳐 문장을 다시 쓰시오.

1 I have been knowing him since I was young.

→ _____I have known him since I was young._____
know와 같은 지속적인 상태를 나타내는 동사는 현재완료 진행 시제로 쓸 수 없다.

2 It has been raining cats and dogs since three days.

→ _____It has been raining cats and dogs for three days._____
since 다음에는 동작이나 상태의 시작점이 오고, three days와 같이 기간을 나타내는 표현 앞에는 for가 와야 한다.

E 다음 두 문장이 같은 뜻이 되도록 빈칸에 알맞은 말을 쓰시오.

1 Nancy went to Japan, so she isn't here now.

→ Nancy ___has___ ___gone___ ___to___ Japan.

과거에 가서 현재 여기 없다는 것을 나타내므로, 과거 동작의 결과가 남아 현재까지 영향을 미치는 현재완료인 have/has gone to(~로 가버렸다)를 써야 한다.

2 My parents began to live here ten years ago. They still live here.

→ My parents ___have___ ___lived___ here ___for___ ten years.

10년 전에 살기 시작하여 현재까지 같은 상태가 이어지고 있으므로, 현재완료 시제이고 '~ 동안'은 for를 사용한다.

3 It started to snow heavily last night. It's still snowing heavily.

→ It ___has___ ___been___ ___snowing___ heavily ___since___ last night.

어젯밤 눈이 오기 시작하여 지금 이 순간에도 진행 중이므로 「have/has been -ing」의 현재완료 진행 시제를 사용하며, last night은 동작의 시작점이므로 그 앞에는 '~ 이래로'라는 뜻의 since가 와야 한다.

F 다음 우리말과 같은 뜻이 되도록 빈칸에 알맞은 것을 고르시오.

1 우리들은 지난 일요일에 박물관에 갔다.

→ We _____ to a museum last Sunday.

✔① went　　　　② have gone　　　　③ have been

last Sunday는 과거의 한 시점을 나타내므로 과거 시제를 쓴다.

2 너는 중국에 몇 번이나 가 보았니?

→ How many times _____ to China before?

① did you go　　　✔② have you been　　　③ have you gone

경험을 나타내어 '~에 가 본 적이 있다'의 의미로는 have/has been to ~의 표현을 사용해야 한다.

3 Sarah는 지금까지 얼마 동안 교직에 있었니?

→ How long _____ so far?

① did Sarah teach　　　② is Sarah teaching　　　✔③ has Sarah been teaching

과거에 시작된 동작이 현재에도 계속되고 있으므로 「have/has been -ing」의 현재완료 진행 시제를 사용해야 한다.

G 다음 우리말과 같은 뜻이 되도록 빈칸에 알맞은 말을 쓰시오.

1 나는 어제 엄격한 다이어트를 시작했다.

→ I ___began___ going on a strict diet yesterday. (begin)

yesterday는 과거 시제를 동반하는 부사이다.

2 나의 언니는 이 차를 10년 동안 소유해 왔다.

→ My sister ___has___ ___had___ this car for ten years. (have)

10년 전부터 현재까지 가지고 있는 것이므로 과거에서 현재까지 이어지는 상태를 나타내는 현재완료의 계속 용법이 필요하다.

3 우리들은 영어를 3년 동안 공부해 오고 있는 중이다.

→ We ___have___ ___been___ ___studying___ English for three years. (study)

3년 전부터 현재까지 계속 영어를 공부하고 있고 앞으로도 지속될 가능성이 클 때 「have/has been -ing」의 현재완료 진행 시제를 쓴다.

A 다음 ( ) 안에서 알맞은 말을 고르시오.

1 I remembered that I (left, ✓had left) my key at home.
나는 내 열쇠를 집에 두고 온 것을 기억해냈다.

2 He said that he (washed, ✓had washed) the car already.
그는 그가 이미 세차를 했다고 말했다.

3 Mom had bought me an MP3 player. But I (✓lost, had lost) it the next day.
엄마는 나에게 MP3 플레이어를 사 주셨다. 그러나 바로 다음 날 나는 그것을 잃어버렸다.

4 When he arrived, we (had read, ✓had been reading) books all day.
그가 도착했을 때, 우리는 하루 종일 책을 읽던 중이었다.

B 다음 ( ) 안에 주어진 말을 어법에 맞게 고쳐 쓰시오.

1 When I met Jake, he (be married) for 10 years. had been married
내가 Jake를 만났을 때, 그는 결혼을 한 지 10년 된 상태였다.

2 When Ashley arrived at the party, her friends (go) home. had gone
Ashley가 파티에 도착했을 때 친구들은 이미 집에 갔다.

3 I was scolded by my science teacher because I (not submit) my report.
나는 보고서를 제출하지 않아서 과학 선생님께 꾸중을 들었다. had not submitted

4 When I visited my uncle, he (play soccer) for an hour. had been playing soccer
내가 삼촌을 방문했을 때, 그는 한 시간째 축구를 하고 계셨다.

C 다음 대화의 밑줄 친 부분을 바르게 고쳐 쓰시오.

1 A When we arrived, we found someone has broken in.
   B Did you call the police? Was anything stolen?
   A: 우리가 도착했을 때, 우리는 누군가가 침입했었음을 알았어.
   B: 경찰에 전화했니? 뭐 훔쳐갔어?
   → ___we found someone had broken in___

2 A When I got to the airport, the plane already took off.
   B What was the problem? Why were you late?
   A: 내가 공항에 도착했을 때 그 비행기는 이미 이륙했어.
   B: 문제가 뭐였는데? 왜 늦었던 거야?
   → ___the plane had already taken off___

3 A She has been sick in bed for weeks when I visited her.
   B I'm so sorry to hear that.
   A: 내가 그녀를 방문했을 때 그녀는 몇 주 동안 앓아누워 있었어.
   B: 안됐구나.
   → ___She had been sick in bed___

D 다음 우리말과 같은 뜻이 되도록 빈칸에 알맞은 말을 쓰시오.

1 그는 자신이 외국에 가 본 적이 없다고 말했다.
   → He said that he ___had___ ___never___ ___been___ to a foreign country.

2 내가 전화하기 전에 Rick은 이미 그 일을 끝마쳤다.
   → Rick ___had___ ___already___ ___finished___ the work before I called him.

3 내가 Ron를 보았을 때, 그는 한 시간째 테니스를 치고 있었다.
   → When I saw Ron, he ___had___ ___been___ ___playing___ ___tennis___ for an hour.

A
과거 이전의 동작이나 상태는 과거완
료인 「had+p.p.」를 쓴다.
1 기억난 것은 과거이고 그 전에 열쇠
를 두고 왔으므로 과거완료가 맞다.
2 말한 것은 과거이고 그 전에 세차를
했으므로 세차를 한 동작은 과거완
료이다.
3 MP3 플레이어를 산 후 잃어버린
것이므로 과거 시제를 쓴다.
4 그가 도착했을 때 하루 종일 책을
읽던 중이었으므로, 동작의 지속을
나타내는 과거완료 진행형이 맞다.

B
1 내가 Jake를 만난 것보다 더 전에
결혼을 한 상태이므로 had been
married가 알맞다.
2 그녀가 도착한 것보다 친구들이 가
버린 것이 먼저이므로 과거완료가
되어야 한다.
3 야단을 맞은 것은 과거이고 그 이유
가 되는 because절은 그보다
이전의 일이므로 과거완료가 되어야
한다. / scold 꾸중하다   submit
제출하다
4 내가 방문을 한 것은 과거이고 방문
하기 이전부터 방문했을 때까지 삼
촌은 축구를 하고 계시던 중이었으
므로 과거완료 진행형이 알맞다.

C
1 도착한 것은 과거이고 누군가가 침입
한 것은 그 전에 일어난 일이므로
had broken이 되어야 한다.
2 공항에 도착한 것은 과거이고 비행
기가 이륙한 것은 그 이전이므로
had taken이 되고, 부사의 위치는
had와 p.p. 사이이다.
take off 이륙하다
3 그녀를 방문한 것은 과거이고 방문
하기 몇 주 전부터 그 때까지 계속
아팠으므로 과거완료 시제가 되어야
한다.

D
1 말한 것은 과거이고 그 이전의 경험
을 나타내므로 과거완료 시제가 필
요하다.
2 전화를 한 것은 과거이고 그 전에
Rick은 일을 완료했으므로 과거완
료 시제를 쓴다.
3 내가 그를 본 것은 과거 시제이고
내가 보기 이전부터 본 시점까지 계
속 테니스를 치고 있었으므로 「had
been -ing」의 과거완료 진행형을
쓴다.

EXERCISE

A 다음 ( ) 안에 주어진 말을 알맞게 바꿔 문장을 완성하시오.

1 When I arrived, Sarah ____had____ ____gone____ home already. (go)
내가 도착했을 때, Sarah는 이미 집으로 가버렸다.

2 I ____recognized____ him at once because I had seen his photos. (recognize)
나는 그의 사진을 본 적이 있었기 때문에 그를 바로 알아보았다.

3 We were worried because we ____hadn't____ ____flown____ before. (not fly)
우리는 전에 비행기를 타 본 적이 없었기 때문에 걱정이 되었다.

4 They ____had____ ____stayed____ at home until their mom returned. (stay)
그들은 엄마가 돌아오실 때까지 집에 머물렀다.

A

1 내가 도착한 것은 과거, Sarah가 이미 가버린 것은 대과거이다.
2 사진을 본 것은 대과거, 알아본 것은 과거이다.
3 걱정한 것은 과거, 비행기를 타 보지 못한 것은 대과거이다.
4 엄마가 온 것은 과거, 그때까지 머무르고 있었던 것은 대과거이다.

B 다음 두 문장이 같은 뜻이 되도록 빈칸에 알맞은 말을 쓰시오.

1 I watched the movie a few days ago, and told my sister about it.
→ I told my sister about the movie I ____had____ ____watched____ a few days ago.
나는 누나에게 며칠 전에 보았던 영화에 대해 말했다.

2 My father built the greenhouse, but it was burnt yesterday.
→ The greenhouse my father ____had____ ____built____ was burnt yesterday.
우리 아버지께서 지으셨던 비닐하우스가 어제 불타버렸다.

3 I woke up late so I missed my flight.
→ I missed my flight because I ____had____ ____waken____ up late.
나는 늦게 일어나서 비행기를 놓쳤다.

B

1 영화에 대해 누나에게 말해 준 것은 과거, 영화를 본 것은 대과거이다.
2 비닐하우스가 불에 탄 것은 과거, 아버지께서 지으신 것은 대과거이다.
3 비행기를 놓친 것은 과거, 늦게 일어난 것은 대과거이다.

C 다음 대화의 빈칸에 알맞은 말을 쓰시오.

1 A I ____had____ ____been____ asleep when the doorbell ____rang____.
(초인종이 울렸을 때 나는 잠이 들어 있었어요.)

B Do you remember what time it was? 그 때가 몇 시였는지 기억나세요?

2 A We ____had____ ____never____ ____studied____ English until we ____came____ to America.
(우리들은 미국에 올 때까지 영어를 공부한 적이 전혀 없었어요.)

B It's incredible. Your English is so good. 놀랍군요. 영어가 아주 훌륭한데요.

3 A Sue ____had____ ____finished____ her assignments before the class ____was____ over.
(Sue는 수업이 끝나기 전에 과제를 끝마쳤어요.)

B Wow, I envy her. She can go to a party tonight. 와우, 그녀가 부럽군요. 오늘밤 파티에 갈 수 있겠네요.

C

1 초인종이 울린 것은 과거, 잠든 것은 대과거이다.
remember 기억하다
2 미국에 온 것은 과거, 영어를 공부하지 않은 것은 대과거이다.
incredible 믿을 수 없는
3 수업이 끝난 것은 과거, 과제를 마친 것은 대과거이다. / assignment 숙제 envy 부러워하다

D 다음 우리말과 같은 뜻이 되도록 ( ) 안에 주어진 말을 사용하여 문장을 완성하시오.

1 나는 집에 열쇠를 두고 와서 사무실에 들어갈 수 없었다. (leave, my keys)
→ I couldn't get into the office because ____I had left my keys____ at home.

2 나는 2007년에 일본에 갔었지만 그 이전에는 가 본 적이 없다. (be, never, before)
→ I went to Japan in 2007 but ____I had never been____ there ____before____.

3 엄마가 들어오셨을 때 나는 두 시간 동안 피아노를 치고 있었다. (play)
→ When my mom came in, ____I had been playing the piano____ for two hours.

D

1 사무실에 들어갈 수 없었던 일이 과거이므로 집에 열쇠를 두고 온 것은 대과거로 나타낸다.
2 일본에 처음으로 가 본 것은 과거, 그 이전에 가 본 적이 없었던 것은 대과거이다.
3 엄마가 들어온 것은 과거, 그 전에 두 시간째 피아노를 치고 있었으므로 과거완료 진행형으로 쓴다.

A 다음 ( ) 안에서 알맞은 말을 고르시오.

1 If I read the book again, I will (read, have read ✓) it more than ten times.
내가 그 책을 또 읽으면, 10번도 넘게 읽는 것이 될 것이다.

2 Next year my parents (have been, will have been ✓) married for thirty years.
내년이면 우리 부모님께서 결혼 생활을 하신 지 30년이 되실 것이다.

3 By the time you arrive in Chicago, Debbie (left, will have left ✓) for Miami.
네가 시카고에 도착할 때 즈음이면, Debbie는 마이애미로 떠나고 없을 것이다.

A
미래의 한 시점까지 이루어질 일을
타낼 때는 미래완료 「will have p
로 쓴다.
1 내가 그 책을 다시 읽으면 10
상 읽는 셈이 되는 것이므로
료 시제로 나타낸다.
2 내년이면 부모님이 30년째 결
활을 하시는 것이므로 미래완
쓴다.
3 Debbie가 마이애미로 떠나는
은 네가 시카고에 도착하는 미
한 시점에 일어날 일이므로 미
료를 쓴다.

B 다음 문장의 밑줄 친 부분을 바르게 고쳐 쓰시오.

1 She <u>has taught</u> English for ten years next year. will have taught
그녀는 내년이면 영어를 가르친 지 10년이 될 것이다.

2 I <u>have been</u> to Mexico three times if I go there this month. will have been
내가 이번 달에 멕시코에 가면 3번째 가는 것이 될 것이다.

3 Next month five years <u>have passed</u> since my father became a boss. will have passed
다음 달이면 우리 아버지께서 사장이 되신 지 5년째가 될 것이다.

B
1 내년이 되어야 영어를 가르친
10년이 되는 것이므로 미래완
필요하다.
2 이번 달에 가면 Mexico에 3
가게 되는 것이므로 미래완료
한다.
3 다음 달이면 5년이 되는 것이
미래완료가 알맞다.

C 다음 ( ) 안에 주어진 단어를 알맞게 바꿔 대화를 완성하시오.

1 A We __will__ __have__ __known__ each other for eight years next year.
(know) 내년이면 우리가 알고 지낸 지도 8년이 되네.
B Yes, time flies. 그러게, 세월 참 빠르지.

2 A If I go to the U.K. again, I __will__ __have__ __been__ there three times. (be) 내가 영국에 또 가면 3번째 가는 거야.
B Why do you visit there so often? 왜 거기 자주 가는데?

3 A By the time they return, they __will__ __have__ __changed__ from head to toe. (change) 그들이 돌아올 때 즈음이면 그들은 완전히 달라졌을 거야.
B I hope so. They need to change themselves. 나도 그러길 바라. 그들은 변화될 필요가 있거든.

4 A I think we __will__ __have__ __finished__ studying for the test by that time. (finish) 그때까지는 우리가 시험 공부를 다 끝낼 것이라고 생각해.
B Then, let's go out and get a bite to eat. 그러면 뭐 좀 먹으러 가자.

C
1 내년이 되면 8년 동안 아는 셈이
것이라고 미래의 시점까지 지속
일을 예측하고 있으므로 「
have p.p.」의 미래완료 문장이
요하다.
2 내가 영국에 다시 가면 3번째
셈이 될 것이라고 미래의 한 시
일을 추측하고 있으므로, 미래
문장이 필요하다.
3 돌아올 때쯤이면, 그들이 변해
것이라는 미래의 한 시점의 결
나타내므로 미래완료 시제를 쓴
from head to toe 머리부터 발
까지, 완전히
4 그때쯤이면 시험 공부를 마쳤을
이라는 미래 시점의 동작의 완
예측하므로 미래완료 시제가 알맞
bite 씹을 것

D 다음 우리말과 같은 뜻이 되도록 빈칸에 알맞은 말을 쓰시오.

1 다음 달이면 나는 모든 빚을 다 갚았을 것이다.
→ By next month I __will__ __have__ __paid__ all my debt.

2 Neil은 내일 오후 9시까지는 런던에 도착해 있을 것이다.
→ Neil __will__ __have__ __arrived__ in London by 9 p.m. tomorrow.

3 모든 학생들이 오늘 오후까지는 입학 면접을 마칠 것이다.
→ All the students __will__ __have__ __finished__ an entrance interview by this afternoon.

D
1 다음 달이라는 미래의 한 시점에
어나는 동작의 결과이므로 미래완
시제를 쓴다. / debt 빚
2 내일 오후 9시라는 미래 시점에
료되는 동작이므로 미래완료 시제
쓴다.
3 오늘 오후까지 완료되는 동작을
타내고 있으므로 「will have p.p
의 미래완료 시제를 쓴다.
entrance 입학

해석 Joan은 지도를 잃어버렸기 때문에 어디로 가야 할지 몰랐다.

01 다음 문장의 빈칸에 알맞은 말은?

> Joan didn't know where to go because she _____ the map.

① lost   ② was lost   ③ has lost

✔④ had lost   ⑤ had been lost

어디로 가야 할지 몰랐던 시점이 과거(didn't know)이므로 지도를 잃어버린 것은 그보다 이전인 과거완료 시제이다.

02 다음 두 문장의 빈칸에 공통으로 들어갈 알맞은 말은?

> • We _____ walking for an hour when she stopped us. 우리는 그녀가 우리를 멈추게 했을 때 한 시간 동안 걷고 있었다.
> • He said that he _____ to Paris several times. 그는 파리에 몇 번 가 본 적이 있다고 말했다.

① have   ② had   ✔③ had been

④ had gone   ⑤ was

「had been -ing」는 과거완료 진행형으로서 「(과거까지) ~해 오고 있던 중이었다」라고 해석되며, 「had been to ~」는 과거완료 시제로 '~에 가 본 적이 있었다' 라는 뜻이다.

03 다음 두 문장을 한 문장으로 만들 때 빈칸에 알맞은 말을 쓰시오.

> The movie started at seven. We got to the theater at seven ten.
> → When we got to the theater, the movie
> _____had already started_____.
> 우리가 극장에 도착했을 때 영화는 이미 시작되었다.

영화는 7시에 시작했고 우리가 영화관에 도착한 것은 10분 후이므로, 영화관에 도착한 것은 과거 시제, 영화가 시작한 것은 과거보다 이전의 과거인 과거완료 시제를 써야 한다.

[4~6] 다음 우리말을 영어로 옮길 때 빈칸에 알맞은 말을 고르시오.

04

> Julie가 왔을 때, 엄마는 저녁 내내 요리하고 계셨다.
> → When Julie came, Mom _____ all evening.

① has cooked   ② was cooking

③ had cooked   ④ has been cooking

✔⑤ had been cooking

Julie가 오기 전부터 과거의 한 시점까지 동작의 지속을 나타내므로, 「had been -ing」의 과거완료 진행 시제가 가장 알맞다.

05

> 내가 지갑을 열었을 때, 나는 신용 카드를 잃어버린 것을 발견했다.
> → When I opened my wallet, I _____ that I _____ my credit card.

① found – lost   ② found – have lost

✔③ found – had lost   ④ had found – had lost

⑤ have found – had been losing

when으로 시작하는 부사절의 시제로 보아 내가 지갑을 잃어버린 것을 발견한 것은 과거 시제이고, 잃어버린 것은 그 전이므로 과거완료 시제가 된다.

06

> 우리들은 그 전날 잠을 전혀 못 자서 너무 졸렸다.
> → We were so sleepy because we _____ the day before.

① don't sleep at all   ② didn't sleep at all

③ haven't slept at all ✔④ hadn't slept at all

⑤ wasn't sleeping at all

졸린 상태는 과거 시제이고 잠을 못 잔 것은 과거보다 한 시제 더 전의 일이므로 과거완료 시제를 사용한다.

07 다음 ( ) 안에 주어진 말을 사용하여 문장을 완성하시오. 사람들이 배가 부른 것은 과거 시제이고, 그보다 더 전에 점심을 많이 먹었으므로 과거완료 시제이다.

> All the people were so full because they _____had just had big lunch_____.
> (just, have big lunch)

해석 모든 사람들이 점심을 많이 먹었기 때문에 모두 배가 불렀다.

08 다음 중 밑줄 친 부분의 쓰임이 어색한 것은?

① Jane had been crying when I opened the door. Jane은 내가 문을 열었을 때 울고 있었다.

② He had been waiting for you until you came back. 그는 네가 돌아올 때까지 기다리고 있었다.

✔③ Mr. White had been knowing her since kindergarten. White 씨는 그녀를 유치원 때부터 알아 왔다.

④ They had been discussing the solution to the problem for an hour. 그들은 그 문제의 해법에 대해 한 시간 째 토론하고 있었다.

⑤ She had been running to school when we saw her. 우리가 그녀를 보았을 때 그녀는 학교로 뛰어가고 있었다.

「had been -ing」의 과거완료 진행형은 동작을 나타내는 동사에만 사용될 수 있다. ③ know와 같은 지속적인 상태를 나타내는 동사는 진행형으로 쓸 수 없다.
• kindergarten 유치원 • solution 해결책, 해법

[9~10] 다음 대화의 빈칸에 가장 알맞은 것을 고르시오.

09

> A Did you see Christina when you went to the party?
> B No, unfortunately, _____.

① she went home

② she was going home

③ she has gone home

✔④ she had gone home

⑤ she had been going home

Christina가 이미 집에 가버렸으므로, 기준이 되는 과거 시제보다 더 과거에 완료된 동작을 표현하는 과거완료 시제가 적당하다.

해석 A: 파티에 갔을 때 Christina 봤어? B: 아니, 운나쁘게도, 그녀는 집에 가버렸어.

10

해석 A: 최근에 Miranda 본 적 있니? B: 응, 지난 번에 봤어. 지난 달부터 일하러 다닌다고 말하던데.

> A Have you seen Miranda lately?
> B Yes, I saw her the other day. She said that _____ since last month.

① she worked out

② she has worked out

③ she had worked out

④ she has been working out

✔⑤ she had been working out

Miranda가 며칠 전에 한 말이므로, 지난 달부터 최근에 본 과거의 시점까지 지속되는 동작이다. 「had been -ing」의 과거완료 진행형 시제가 가장 알맞다.

해석 나는 어젯밤 저녁 식사 파티를 위해 모든 준비를 마쳤다고 생각했다. 나는 사장님과 모든 사무실 사람들에게 초대장을 보냈다. 나는 요리책 몇 권을 훑어 보았고 저녁을 준비했다. 하지만, 초인종이 울리자마자 나는 오븐 켜는 것을 잊은 것을 발견했다.

[11~12] 다음 글을 읽고, 물음에 답하시오.

> I thought I ①had prepared all for my dinner party last night. I ②had sent invitations to my boss and all the people in my office. I ③had looked through several cookbooks and prepared to cook dinner. As soon as my doorbell ④had rang, however, I found that I ⑤had forgotten to turn on the oven.

11 위 글의 밑줄 친 ①~⑤ 중 어색한 것은?

①   ②   ③   ✔④   ⑤

과거의 일을 묘사할 때, as soon as가 이끄는 절에는 과거 시제가 와야 한다. (had rang → rang)

12 위 글의 뒷부분에 나타난 I의 심경으로 알맞은 것은?

① 편안하다   ② 만족스럽다   ③ 쓸쓸하다

✔④ 당혹스럽다   ⑤ 지루하다

자신이 저녁 초대를 하고 모든 준비를 했다고 생각했다가 초인종 소리를 듣고 오븐을 켜지 않았던 것을 발견했으므로 당혹스러움을 느꼈을 것이다.
• invitation 초대장 • boss 사장 • several 몇몇의 • cookbook 요리책
• turn on 켜다

when으로 시작하는 부사절의 시제가 과거 시제이고 그보다 두 달 전부터 여행을 해 오던 중이므로 「had been -ing」의 과거완료 진행 시제가 필요하다.

13 우리말을 영어로 옮길 때 빈칸에 알맞은 말을 쓰시오.

> 내가 Mindy에게 물었을 때, 그녀는 두 달간 여행을 해 왔다고 말했다.
> → When I asked Mindy, she said that she <u>had</u> <u>been</u> <u>traveling</u> for 2 months.

해석 코끼리를 기르는 인도의 한 농부는 자신의 코끼리들이 밤에 바나나를 먹는 것을 발견했다. 그는 코끼리들에게 종을 달기로 결정했다. 그러면 코끼리들을 몰아낼 수 있을 것이라고 생각했다. 그러나, 며칠이 지난 후, 그가 밤에 아무 소리를 듣지 못했는데도 모든 바나나는 사라지고 없었다. 그가 코끼리들을 살펴보았을 때, 그는 코끼리들이 자신을 속였음을 알았다. 그들은 소리가 나지 않도록, 종을 진흙으로 가득 채워 놓았던 것이다!

[14~15] 다음 밑줄 친 ①~⑤ 중 어색한 것을 고르시오.

14

> An Indian farmer who kept elephants ① discovered that his elephants were eating his bananas at night. He ②decided to tie bells on them. Then he thought he could drive them away. A few mornings later, however the bananas were all gone, though he ✔③has heard nothing at night. When he checked the elephants, he found that they ④had played a trick on him. They ⑤had filled the bells with mud so that they could not make any noise!

전체 시제가 과거이다. 바나나가 없어진 것보다 농부가 소리를 듣지 못한 것이 먼저 일어난 일이므로 ③은 과거완료 시제인 had heard가 되어야 한다.
• discover 발견하다 • tie 매다 • trick 속임수 • mud 진흙

해석 작은 나무가 폭풍우에 뽑혔다. 그것은 한 때 그들의 집 옆에 서 있었다. Sophie는 그 나무를 얼마나 사랑했던가! 그녀의 남편인 Greg는 슬프고 화나 보였다. 그는 그녀에게 말했다. "이봐, Sophie. 당신의 나무는 분명히 아직 살아 있어! 당신처럼 살아 있다고! 우리는 그 나무를 잃지 않았어. 우리 땅의 저 모퉁이에 그것을 심자. 바로 저기에!"

15

> The little tree ①was pulled up by the storm. It ②had once stood at the side of their house. How Sophie ③had loved it! Her husband, Greg, looked sad and angry. He said to her, "Look, Sophie. Your tree is still alive ④with no doubt! Just as alive as you are! We ✔⑤hadn't lost it. Let's plant it on that corner of our land. Right over there!"

나무가 현재 살아 있고 우리가 볼 수 있으므로 과거 동작의 결과가 현재까지 남아 있는 현재완료 시제를 써야 한다. (→ haven't lost)
• pull up 뽑다 • alive 살아 있는 • with no doubt 의심할 여지 없이

A 다음 ( ) 안에서 알맞은 말을 고르시오.

1 He said that he (bought, had bought ✓) a new cell phone.
말한 것은 과거 시제이고 휴대 전화를 산 것은 그보다 한 시제 더 전의 일이므로 「had+p.p.」의 과거완료 시제를 써야 한다.

2 When I got to the station, they (have already left, had already left ✓).
역에 도착한 것은 과거 시제이므로 그들이 떠난 것은 그 이전인 과거완료 시제로 표현한다.

3 The novel written by him (will ✓, was) be very exciting.
소설이 흥미진진할 것을 예측하는 것이므로 미래 시제인 will을 써야 한다.

4 If I go to Japan again, I (will visit, will have visited ✓) three times.
내가 다시 한 번 일본에 가는 미래의 한 시점에 경험한 일을 추측하는 것이므로 미래완료 시제를 쓴다.

B 다음 문장의 빈칸에 ( ) 안의 단어를 알맞은 형태로 바꿔 쓰시오.

1 We learned that Columbus ___discovered___ America in 1492. (discover)
역사적 사실은 항상 과거 시제로 표현한다.

2 I found that I ___had___ ___left___ my homework behind at home. (leave)
발견한 것이 과거 시제이므로 집에 두고 온 것은 이보다 한 시제 전인 과거완료가 되어야 한다.

3 When I opened the door, he ___had___ ___been___ ___sleeping___ since morning. (sleep)
문을 연 것은 과거 시제이고 그는 아침부터 그 순간까지 자고 있었으므로 기준 과거에 이르기까지 진행 중인 동작을 묘사하는 「had been -ing」의 과거완료 진행 시제가 필요하다.

4 Look at the dark clouds. It ___is___ ___going___ ___to___ ___rain___ soon. (rain)
현재의 구름으로 보아 필연적으로 일어날 것 같은 미래를 나타내므로 be going to를 써야 한다.

5 Don't answer the phone. Dad ___will___ ___answer___ it. (answer)
현재 전화벨이 울리는데 아빠가 받으실 것이라는 계획된 미래가 아닌 단순 추측이므로 will이 적당하다.

C 다음 문장의 빈칸에 알맞은 것을 고르시오.

1 I recognized his sister, because I _____ her before.
① was seeing　　② have seen　　✓③ had seen
그의 여동생을 알아본 것은 과거 시제이므로 그 이전에 만났음을 표현하려면 과거보다 한 시제 더 전의 동작을 나타내는 과거완료가 되어야 한다.

2 When he called me, I _____ a newspaper.
① have read　　✓② had been reading　　③ have been reading
그가 나에게 전화한 것은 과거 시제이고 그 이전부터 그 때까지 진행했던 동작이 신문 읽기이므로 빈칸에는 과거완료 진행 시제가 가장 알맞다.

3 The room was clean. Somebody _____ it.
① already cleaned　　② have already cleaned　　✓③ had already cleaned
방이 깨끗한 것은 과거 시제이므로 누군가 치운 것은 그보다 한 시제 전인 과거완료 시제를 써야 한다.

4 It's ten o'clock already. The movie _____ by now.
① start　　② will start　　✓③ will have started
벌써 10시니까 영화가 그때까지는 시작했을 것임을 예측하는 것이므로 「will have p.p.」의 미래완료 시제를 써야 한다.

다음 문장의 <u>틀린</u> 부분을 바르게 고쳐 문장을 다시 쓰시오.

1 Suddenly I found out that I have made a big mistake.

→ _____ Suddenly I found out that I had made a big mistake. _____

내가 발견한 것은 과거이고 실수한 것은 그보다 한 시제 이전이므로, 현재완료가 아닌 과거완료 시제를 써야 한다.

2 When I had got home, everybody had gone out.

→ _____ When I got home, everybody had gone out. _____

여기서 when으로 시작하는 절은 과거의 기준이 되는 한 시점을 나타내므로, 과거완료가 아니라 과거 시제가 와야 한다.

3 When we arrived at the theater, all the tickets were sold out.

→ _____ When we arrived at the theater, all the tickets had been sold out. _____

극장에 도착한 것은 과거 시제이며 이보다 더 전에 모든 표가 팔렸으므로 매진된 것은 과거완료 시제가 되어야 한다.

4 When will the train leave tomorrow afternoon?

→ _____ When does the train leave tomorrow afternoon? _____

기차와 같은 교통수단은 출발 시간이 정해져 있고 매일 변하지 않으므로 미래의 일일지라도 will 대신 현재 시제로 쓴다.

5 They will be married for two years by then.

→ _____ They will have been married for two years by then. _____

'그때가 되면 그들은 2년간 결혼 생활을 한 셈이 될 것이다.' 라는 의미이므로 미래의 한 시점까지 지속될 상태는 「will have p.p.」의 미래완료 시제로 나타낸다.

E 다음 우리말과 같은 뜻이 되도록 빈칸에 알맞은 말을 쓰시오.

1 나는 그들이 많이 변했다고 느꼈다.

→ I felt that they ____had____ ____changed____ a lot.

느낀 것은 과거 시제이고 그들이 변한 것은 그 이전이므로 「had p.p.」의 과거완료 시제로 쓴다.

2 우리가 할머니를 방문했을 때, 그녀는 일주일 동안 아팠었다.

→ When we visited our grandmother, she ____had____ ____been____ ill ____for____ a week.

방문한 것은 과거 시제이고 할머니는 그 일주일 전부터 그 때까지 계속 아프신 것이므로 과거완료 시제를 쓰고, '~ 동안' 이라는 의미의 for를 쓴다.

3 그들은 언제 떠날 예정이니?

→ When are they ____going____ ____to____ ____leave____ ?

사전에 결정되고 계획된 미래는 「be going to+동사원형」으로 나타낸다.

4 내가 문을 열었을 때, 그는 하루 종일 TV를 보고 있는 중이었다.

→ When I opened the door, he ____had____ ____been____ ____watching____ TV all day.

내가 문을 연 것은 과거 시제이고 그는 그 이전 과거부터 그때까지 계속 TV 시청을 하고 있었으므로 「had been -ing」의 과거완료 진행 시제가 온다.

5 내가 좋아하는 프로그램은 그때쯤이면 끝나 있을 것이다.

→ My favorite program ____will____ ____have____ ____ended____ by that time.

미래의 한 시점에 완료될 동작이므로, 「will have p.p.」의 미래완료 시제가 필요하다.

6 엄마가 나에게 전화했을 때, 나는 시험 공부를 밤새 하던 중이었다.

→ When Mom called me, I ____had____ ____been____ ____studying____ for the test all night.

엄마가 전화를 한 것은 과거 시제이고 나는 그 전날부터 밤새도록 그때까지 공부를 하던 중이었으므로 과거완료 진행 시제를 써야 한다.

01 다음 문장의 빈칸에 알맞지 <u>않은</u> 말은?

> I have met the actress in person _____.

① before   ✔② last week
③ many times   ④ for a long time
⑤ once or twice

주어진 문장은 have met이라는 현재완료 시제가 쓰였으므로, 명백한 과거를 나타내는 표현인 last week는 올 수 없다.

[2~3] 다음 우리말을 영어로 옮길 때 빈칸에 가장 알맞은 말을 고르시오.

02

> 나는 이 운동화를 3년째 신고 있다.
> → I _____ these running shoes for three years.

① wear   ② am wearing
✔③ have worn   ④ had worn
⑤ had been wearing

과거에서부터 현재까지 지속된 동작을 나타내므로 현재완료 시제의 계속 용법이 가장 알맞다.

미래의 한 시점에 어떤 동작이 끝나고 이미 가고 없을 것이라는 결과를 말하고 있으므로, 「will have p.p.」의 미래완료 시제를 써야 한다.

03

> 네가 여기 올 때쯤이면, 우리는 가고 없을 거야.
> → By the time you come here, we _____.

① are going
② are going to go
③ have gone
④ will be going
✔⑤ will have gone

04 다음 문장의 빈칸에 들어갈 말이 바르게 짝지어진 것은?

> • We have been waiting for you _____ two hours.
> • We have been studying for the test _____ last week.

① by – until   ② by – since
③ until – for   ✔④ for – since
⑤ since – for

현재완료나 현재완료 진행 시제와 함께 쓰는 표현 중 기간을 나타낼 때에는 「for+지속된 기간」, 「since+(과거 시점) 동작이나 상태의 시작점」으로 나타낸다.
• wait for ~를 기다리다 • for two hours 두 시간 동안

[5~6] 다음 중 밑줄 친 부분이 어법상 <u>어색한</u> 것을 고르시오.

05 ① Susan <u>has been teaching</u> for ten years.
② We <u>have been</u> close friends since we were teens.
③ Stella <u>has been working</u> for the bank since last year.
✔④ I <u>have been seeing</u> Johnson since middle school.
⑤ Judy and I <u>have kept</u> in touch for twelve years.

④ 「have/has been -ing」의 현재완료 진행 시제는 see와 같이 지속적인 상태를 나타내는 동사에는 쓸 수 없으므로, have seen과 같이 현재완료의 계속 용법으로 대신해야 한다. / • keep in touch 연락을 지속하다

① 미래완료 ② 현재완료 진행 ④ 현재완료 ⑤ 과거완료
③ yesterday로 과거를 나타내는 말이 왔으므로 과거 시제로 표현해야 한다. (→ died)

06 ① They <u>will have lived</u> in Beijing for two years by next year.
② Nancy <u>has been crying</u> since last night.
✔③ My grandfather <u>had died</u> yesterday.
④ How long <u>have</u> you <u>driven</u> a truck?
⑤ The house my uncle <u>had built</u> was burnt this morning.

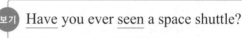

[7~8] 다음 우리말을 영어로 옮길 때 빈칸에 알맞은 말을 쓰시오.

07

> Britney는 어제 인터뷰에서, Justin과 함께 일 년 동안 봉사활동을 해 왔다고 말했다.
> → At the interview yesterday, Britney said that she ___had___ ___been___ ___doing___ volunteer work with Justin for a year.

일 년 전부터 어제 말할 때까지 즉, 이전의 과거에서부터 그 기준이 되는 과거까지의 지속되고 있는 일이므로 「had been -ing」의 과거완료 진행형이 가장 적절하다. / • volunteer work 봉사활동

08

> 내가 캐나다에 다시 가면, 세 번째 가는 셈이 된다.
> → If I go to Canada again, I ___will___ ___have___ ___been___ there three times.

미래의 한 시점에 일어날 경험을 나타내고 있으므로, 「will have p.p.」의 미래완료 시제로 표현한다.

09 다음 두 문장을 한 문장으로 만들 때 빈칸에 가장 알맞은 것은?

> Carrie and Vic got engaged two years ago. They are still engaged to each other now.
> → Carrie and Vic _____ to each other for two years.

① are engaged
② were engaged
✔③ have been engaged
④ have been engaging
⑤ had been engaged

문장의 의미상 2년 전부터 현재까지 약혼 중인 상태이므로, 과거에서 현재까지 지속된 상태를 나타내는 계속 용법의 현재완료 시제가 적당하다. 여기서 engaged는 형용사로 쓰였다. / • engaged 약혼한

과거에 시작된 동작(two hours ago)이 지금 이 순간(still)에도 계속되고 있을 때 「have/has been -ing」의 현재완료 진행 시제를 쓴다. / • gym 체육관

10 다음 두 문장을 한 문장으로 만들 때 빈칸에 알맞은 말을 쓰시오.

> Stanley started to exercise two hours ago. And he is still exercising in the gym.
> → Stanley ___has___ ___been___ ___exercising___ for two hours in the gym.

11 다음 〈보기〉의 밑줄 친 부분과 그 쓰임이 같은 것은?

> 〈보기〉 Have you ever <u>seen</u> a space shuttle?

✔① She <u>has</u> never <u>been</u> to China.
② I've <u>been</u> depressed since yesterday.
③ They <u>have</u> just <u>done</u> their project.
④ My sister <u>has eaten</u> all the fruit.
⑤ We <u>have lived</u> here for twenty years.

〈보기〉는 경험을 나타내는 현재완료이며, ① 경험 ② 계속 ③ 완료 ④ 결과 ⑤ 계속을 나타내므로 경험을 나타내는 ①이 정답이다.
• space shuttle 우주선 • depressed 우울한 • project 계획, 설계

[12~14] 다음 문장의 빈칸에 가장 알맞은 말을 고르시오.

12

> When I opened my wallet, I found someone _____ my money.

① steals
② stole
③ was stealing
④ has stolen
✔⑤ had stolen

내가 발견한 것은 과거 시제(opened)인데, 그보다 더 전의 과거에 누군가 돈을 훔쳐갔으므로 과거완료 시제로 써야 한다.

13

> When I came home, Dad _____ until then.

① slept
② was sleeping
③ has slept
④ had slept
✔⑤ had been sleeping

그 이전부터 내가 집에 갔을 때까지 계속 아버지가 주무시고 계셨으므로, 더 이전의 과거부터 기준이 되는 과거까지의 지속적인 동작은 「had been -ing」의 과거완료 진행형으로 나타낸다.

네가 돌아올 때쯤이면 집을 청소했을 것이라는 의미로 미래의 한 시점에 완료될 동작을 예측하고 있으므로 「will have p.p.」의 미래완료 시제가 가장 알맞다.

14

> By the time you return, I _____ the house.

① cleaned
② was cleaning
③ have cleaned
④ had cleaned
✔⑤ will have cleaned

15 다음 우리말을 영어로 옮길 때 빈칸에 알맞은 말은?

> Debbie는 그 전날 밤을 새서 너무나 피곤했다.
> → Debbie felt so tired because she
> _____ the day before.

① sits up all night
② sat up all night
③ was sitting all night
④ has sat up all night
✔⑤ had sat up all night

피곤한 것은 과거 시제이고, 그 전날 밤을 새운 것은 한 시제 더 과거의 결과이므로 과거완료 시제의 had sat up을 사용한다.

해석 A: 내가 유미를 화나게 했어. 그녀는 나와 더 이상 말하고 싶어 하지 않아. 걱정이야. B: 오, 안됐구나, 민호야. A: Jenny, 내가 무엇을 해야 할지 모르겠어. B: 글쎄⋯⋯. 그녀에게 "너무 미안해."라고 말해봐. A: 알겠어. 네 충고를 받아들일게. 내 부탁 좀 들어줄 수 있니? B: 물론, 뭔데? A: 아침까지 편지를 마칠 거야. 그 편지를 유미에게 줄 수 있겠니? B: 물론이야, 그럴게.

16 다음 우리말을 영어로 바르게 옮긴 것은?

> 당신은 한국에 오신 지 얼마나 되셨나요?

① How long were you in Korea?
② How long did you come to Korea?
③ How long had you been in Korea?
✔④ How long have you been in Korea?
⑤ How long have you gone to Korea?

질문은 '얼마나 오랫동안 한국에 있어 왔는지'를 묻는 것이므로, How long ~?을 써서 과거에서 현재까지의 지속적인 상태를 나타내는 현재완료로 묻는다.

해석 엄마는 아들에게 매우 화가 났다. "너는 지금까지 2년 동안 수학을 배워 오고 있는데, 10까지밖에 못 세는구나. 이해할 수가 없어. 좀 더 열심히 공부해야 한다고 생각하지 않니? 너 자라서 나중에 무엇이 될래?" 엄마는 화가 나서 말했다. "권투 심판이요." 아들은 자랑스럽게 대답했다.

해석 나의 삼촌은 변호사이다. 그는 나를 변화시켰다. 나는 5년 후에 내가 무엇이 되고 싶어할지에 대한 계획을 세웠다. 나는 내 미래에 대한 꿈이 있었다. 그래서 나는 내가 해야 할 일들에 대한 목록을 만들고 그때 이후로 일기를 써 오고 있다. 나는 내가 쓴 일기를 읽고 그것은 나에게 희망을 준다.

17 다음 밑줄 친 ①~⑤ 중 어법상 어색한 것은?

> My uncle is a lawyer. He ①made me change. I ②made a plan of what I wanted to become in five years. I ③had a dream of my future. So I made a list of what I should do and I ④kept a diary since then. I ⑤read my diary and it gives me hope.
> • keep a diary 일기를 쓰다 • hope 희망

④ 과거 시제부터 현재까지 계속되는 동작이므로 현재완료 시제 have kept가 맞다.

18 다음 대화 중 어법상 어색한 문장은?

> A ① I have made Yumi upset. She doesn't want to talk to me any more. I'm so worried.
> B Oh, that's too bad, Minho.
> A Jenny, ② I don't know what to do.
> B Well.... Tell her, "I'm so sorry."
> A OK. ③ I'll take your advice. ④ Could you do me a favor?
> B Sure, what is it?
> A ✔⑤ I have been finishing a letter by morning. Please give the letter to Yumi, will you?
> B Sure, I will.

⑤ 내일 아침이면 편지 쓰는 게 완료될 것이라는 내용이므로 미래완료 시제 will have finished가 적절하다. / • upset 화가 난 • advice 충고

[19~20] 다음 글을 읽고, 물음에 답하시오.

> A mother was very angry with her son. "You _____ math for two years until now and you can count only up to ten. I can't understand. Don't you think you should study harder? What will you be in the future when you grow up?" the mother said angrily. "Well, I want to be a boxing referee," answered the son proudly.
> • referee 심판 • proudly 자랑스럽게

19 위 글의 빈칸에 가장 알맞은 것은?

① are learning   ② will be learning
③ had learned   ✔④ have been learning
⑤ had been learning

엄마는 2년 전부터 지금 말하는 순간까지도 아들이 수학을 공부하고 있음을 말하고 있으므로, 과거 한 시점에서 시작된 행동이 지금까지 지속되는 동작을 표현하는 「have/has been -ing」의 현재완료 진행형을 사용해야 한다.

수학을 2년 동안 배웠는데도 10까지밖에 셀 줄 모르는 아들이 장래에 10까지만 셀 줄 알면 되는 권투 심판을 하겠다고 말했을 때 엄마의 기분은 황당했을 것이다.

20 위의 글에서 아들의 대답을 들은 엄마의 기분으로 알맞은 것은?

① 흐뭇하다   ✔② 황당하다   ③ 우울하다
④ 행복하다   ⑤ 초조하다

WRITING  TIME

A 다음 문장의 <u>틀린</u> 부분을 바르게 고쳐 문장을 다시 쓰시오.

1 I have seen the movie last night.

➡ _____ I saw the movie last night. _____

last night은 과거 특정 시점을 나타내는 부사구이므로 현재완료가 올 수 없고 과거 시제를 써야 한다.

2 When have you decided to sell your car?

➡ _____ When did you decide to sell your car? _____

when으로 시작되는 의문문은 과거의 특정 시점을 묻는 의문문이므로 항상 과거 시제를 써야 한다.

3 We have been knowing each other for a year.

➡ _____ We have known each other for a year. _____

know와 같이 지속적인 상태를 나타내는 동사는 현재완료 진행 시제로 쓸 수 없고 계속 용법의 현재완료 시제를 사용해야 한다.

B 다음 두 문장이 같은 뜻이 되도록 빈칸에 알맞은 말을 쓰시오.

1 We began to live here ten years ago. We're still living here.

⊜ We ___have___ ___been___ ___living___ here ___for___ ten years.

2 It began to snow last night. It's still snowing now.

⊜ It ___has___ ___been___ ___snowing___ ___since___ last night.

1. 10년 전에 여기 살기 시작하여 여전히 살고 있으므로 「have been -ing」의 현재완료 진행 시제를 사용한다. 지속 기간은 for를 이용하여 나타낸다. 2. last night은 동작의 시작점이므로, 그 앞에는 '~ 이래로'라는 의미의 since가 와야 한다.

'태어나다'는 표현은 수동태 과거형으로 쓴다. / 현재 살고 있으므로 현재형 live, 지금까지 계속 살아오고 있으므로 have/has lived로 현재완료형을 사용한다. / 현재의 취미 상태를 나타내는 말은 현재형을 써서 「like+to부정사」로 표현한다. / '다음 주말' 할 일을 쓰는 것이므로 be going to를 써서 미래로 표현한다.

C 다음 지시하는 내용에 따라 주어진 글을 완성하시오.

1 다음 ( ) 안에 주어진 단어를 사용하여 David의 소개글을 완성하시오.

David ___was___ ___born___ in Seattle in 1990. (bear) He ___lives___ in Seoul now. (live) He ___has___ ___lived___ here for three years. (live) He has many friends in Korea. He really ___likes___ ___to___ take pictures of nature. (like) He ___is___ ___going___ ___to___ ___travel___ and take pictures of fall next weekend. (travel)

2 위의 완성된 글을 활용하여 자신에 대한 소개글을 완성하시오.

I ___was___ ___born___ in ___Busan___ in ___1995___. I ___live___ in ___Seoul___ now. I ___have___ ___lived___ here for ___two___ years. I have many friends. I really like to ___make model airplanes___. I ___am___ ___going___ ___to___ ___make the biggest model airplane___ next weekend.

EXERCISE

A 다음 ( ) 안에서 알맞은 말을 고르시오.

1 Norah (**will**, cannot) do her best in order to win the match.

2 Gary (must, **must not**) go outside. His condition is not good yet.

3 Stella (**cannot**, ought to) be at home now. I just saw her at the shopping mall.

4 You (**should**, don't have to) go there because the store is closed.

> 해석 1. Norah는 경기에서 이기기 위해 최선을 다할 것이다. 2. Gary는 밖에 나가면 안 된다. 그의 건강이 아직 좋은 상태가 아니다.
> 3. Stella가 지금 집에 있을 리 없다. 내가 방금 그녀를 쇼핑몰에서 보았다. 4. 그 가게 문이 닫혔기 때문에 너는 거기에 갈 필요 없다.

A

1 '최선을 다할 것'이라는 주어의 의지를 나타내는 will이 필요하다. win the match 시합에 이기다
2 건강이 회복되지 않은 상태이므로, 금지의 must not이 와야 한다. condition 상태
3 '~일 리 없다'는 부정 추측이 필요하다.
4 가게문을 닫았다고 하므로 '갈 필요 없다'라는 의미여야 한다.

B 다음 문장을 ( ) 안의 지시대로 바꿔 쓰시오.

1 The man could build the house alone. (be able to를 이용)

→ _____ The man was able to build the house alone. _____

2 Will they visit America next month? (be going to를 이용)

→ _____ Are they going to visit America next month? _____

3 The doctor must examine a lot of patients every day. (have to를 이용)

→ _____ The doctor has to examine a lot of patients every day. _____

4 You should keep the safety rules in the swimming pool. (ought to를 이용)

→ _____ You ought to keep the safety rules in the swimming pool. _____

> 해석 1. 그 남자는 혼자 그 집을 지을 수 있었다. 2. 그들은 다음 달에 미국을 방문할 거니? 3. 그 의사는 매일 많은 환자들을 진찰해야만 한다.
> 4. 너는 수영장에서 안전수칙을 지켜야 한다.

B

조동사를 같은 의미의 다른 표현으로 바꿀 때에는 동사의 시제와 인칭 변화에 유의한다.
1 주어가 3인칭 단수, 시제가 과거이므로 could를 was able to로 바꾼다.
2 주어가 they인 의문문이므로 Are they going to ~?가 된다.
3 주어가 3인칭 단수이므로 has to로 쓴다. / examine 진찰하다 patient 환자
4 ought to는 조동사로 쓰이므로 형태가 변하지 않는다. / safety 안전

C 다음 대화의 빈칸에 가장 알맞은 조동사를 쓰시오.

A _____ Must _____ I come back home by seven?

B Yes, you have to. Did you forget we have a party tonight?

A Oh, I'm awfully sorry. I almost forgot.

B That's OK, but I _____ won't _____ forgive you if you are late.

> 해석 A: 7시까지 집에 돌아와야 해?
> B: 네, 그래야 해요. 우리 오늘밤 파티하기로 한 걸 잊은 거예요?
> A: 오, 정말 미안해. 깜빡했네.
> B: 괜찮아요. 하지만 늦으면 용서하지 않을 거예요.

C

B가 have to로 답했으므로, A가 must로 질문하는 것이 자연스럽다. 글의 흐름상 용서하지 않겠다는 부정의 의미가 되어야 하므로 won't가 적절하다. / forget 잊다 awfully 몹시 forgive 용서하다

D 다음 ( ) 안에 주어진 말을 사용하여 우리말을 영작하시오.

1 그 이야기는 거짓일 리 없다. (story, false)

→ _____ The story cannot be false. _____

2 너는 내 우산을 사용해도 된다. (use, umbrella)

→ _____ You may[can] use my umbrella. _____

3 그는 세차할 필요가 없다. (wash the car)

→ _____ He doesn't have to wash the car. _____

D

1 '~일 리 없다'라는 부정적 추측에는 조동사 cannot을 사용한다. false 거짓의
2 '~해도 된다'는 허락의 조동사 may 또는 can을 쓴다.
3 '~할 필요가 없다'라는 뜻의 don't have to가 3인칭 주어에 맞게 동사 변화하여 doesn't have to가 된다.

A 다음 ( ) 안에서 알맞은 말을 고르시오.

1 Dorothy is used to (use, using ✓) her right hand than her left.
Dorothy는 왼손보다 오른손을 사용하는 데 익숙하다.

2 You (don't have to, ought not to ✓) copy the homework because it is bad.
숙제를 베끼는 것은 나쁜 행동이므로 너는 그것을 해서는 안 된다.

3 James (used to ✓, was used to) read a book under a huge tree over there, but the
tree isn't there any more. James는 저쪽에 있는 큰 나무 밑에서 책을 읽곤 했는데, 그 나무는 이제 더 이상 거기에 있지 않다.

4 Don (has to, doesn't have to ✓) clean the fish tank. His father has already done it.
Don은 어항을 닦을 필요가 없다. 그의 아버지께서 이미 하셨다.

A

1 Dorothy는 왼손보다는 오른 쓰는 것에 '익숙해져 있다'라는 미이므로 「be used to -ing」 요하다.
2 '베끼면 안 된다'라는 금지의 이어야 한다.
copy 복사하다, 베끼다
3 예전에는 있었으나 지금은 없 나무 아래서 '책을 읽곤 했다' 의미이므로 used to가 적절하다
4 아버지께서 이미 끝내셨기 때 '할 필요가 없다'는 내용이 들 야 한다. / fish tank 어항, 수조

B 다음 문장을 ( ) 안의 지시대로 바꿔 쓰시오.

1 I have to read this book today. (과거 시제로)
→ _____ I had to read this book today. _____
나는 오늘 이 책을 읽어야 했다.

2 Thomas ought to attend the meeting. (부정문으로)
→ _____ Thomas ought not to attend the meeting. _____
Thomas는 그 회의에 참석해서는 안 된다.

3 There was a pond near here, but not now. (used to를 이용한 문장으로)
→ _____ There used to be a pond near here. _____
이 근처에 연못이 하나 있었다.

4 O'hara walks her dog every evening. ('~에 익숙하다'는 내용으로)
→ _____ O'hara is used to walking her dog every evening. _____
O'hara는 매일 저녁 그녀의 개를 산책시키는 데 익숙하다.

B

1 have to의 과거형은 had to이
2 ought to의 부정은 ought
to이다. / attend 참석하다
3 「used to+동사원형」 ~가 있었
~하곤 했다 / pond 연못
4 「be used to -ing」 ~에 익숙하

C 다음 대화의 빈칸에 가장 알맞은 조동사를 쓰시오.

A You look depressed today. What's wrong? 오늘 우울해 보인다. 무슨 일 있니?

B I argued with my big sister. 언니랑 싸웠어.

A I know how you feel. When I was young, I ___would___ fight with my big
brother, too. But you ___should___ be nicer to your big sister. 네 기분 나도 알아. 나도 어렸을
때 형이랑 싸우곤 했지. 하지만
언니에게 잘해야 해.

B Maybe you are right. I'll try. 네 말이 맞는 것 같아. 그렇게.

D 다음 우리말과 같은 뜻이 되도록 빈칸에 알맞은 말을 쓰시오.

1 Alex는 그의 어머니를 돌봐드려야 했다.
→ Alex ___had___ ___to___ ___take___ care of his mother.

2 우리는 이 건물 안에서 흡연해서는 안 된다.
→ We ___ought___ ___not___ to ___smoke___ inside this building.

3 James는 일요일마다 자원봉사를 하곤 했다.
→ James ___used___ ___to___ ___volunteer___ every Sunday.

4 우리 할머니는 문자 메시지 보내는 것에 익숙하지 않으시다.
→ My grandmother isn't ___used___ ___to___ ___sending___ text messages.

D

1 '~해야 했다'는 have to의 과거
인 had to로 쓴다.
2 「ought not to+동사원형」 ~해
는 안 된다
3 과거의 규칙적인 습관은 「used
+동사원형」으로 나타낸다.
volunteer 자원봉사하다
4 '~에 익숙하지 않다'는 「be n
used to -ing」이다.
send a text message 문자
시지를 보내다

EXERCISE

A 다음 ( ) 안에서 알맞은 말을 고르시오.

1 I (would rather ✓, had better) get an F than cheat on the test.

2 You (had better ✓, had better not) go to the party. You have a headache.

3 I (must not, would like to ✓) meet Ryan as soon as possible.

4 You (would like to, had better ✓) not wear a jacket. It's pretty hot at midday.

해석 1. 부정 행위를 하느니 차라리 F학점을 받는 게 낫겠다. 2. 너는 파티에 가지 않는 게 좋겠어. 두통이 있잖아.
3. 나는 가능한 한 빨리 Ryan을 만나고 싶다. 4. 너는 재킷을 입지 않는 게 좋겠어. 한낮에는 꽤 덥거든.

A
1 '…하느니 차라리 ~하는 것이 낫겠다'라는 의미로, 뒤에 than이 있으므로 would rather가 적절하다. cheat 속이다
2 '두통 때문에 파티에 가지 않는 것이 좋겠다'라는 충고의 내용이므로 had better not이 적절하다.
3 Ryan을 만나고 싶다는 소망을 나타내므로 would like to가 적절하다.
4 would like to 뒤에 not이 올 수 없으며, 충고를 하는 had better가 필요하다. / midday 한낮

B 다음 문장에서 <u>틀린</u> 부분을 찾아 바르게 고쳐 쓰시오.

1 Charlotte would like to working for this company. working → work

2 My daughter had better staying home because she needs a rest. staying → stay

3 I would not rather go to the movies tonight. not rather → rather not

4 Would you like read my book? read → to read

해석 1. Charlotte은 이 회사에서 일하고 싶어 한다. 2. 내 딸은 휴식이 필요하기 때문에 집에 머무는 게 좋겠다.
3. 나는 오늘밤 영화 보러 가지 않는 게 낫겠다. 4. 제 책을 읽고 싶으세요?

B
1 would like to 뒤에는 동사원형이 온다.
2 had better 뒤에는 동사원형이 온다.
3 would rather의 부정은 would rather not이다.
4 상대방에게 공손하게 제안하는 표현은 「Would you like to+동사원형 ~?」이다.

C 다음 대화의 빈칸에 가장 알맞은 조동사를 쓰시오.

A Oh, Ryan, you're driving too fast. You ___had___ ___better___ slow down.

B I know, but we're late for the concert.

A If you don't slow down, I ___would___ ___rather___ walk.

B OK. I'll slow down.

해석 A: 오, Ryan, 너무 빨리 가고 있잖아. 속도를 줄이는 게 좋겠어.
B: 나도 알지만 우린 콘서트에 늦었잖아.
A: 속도를 줄이지 않으면 난 차라리 걸어가겠어.
B: 알겠어. 속도를 줄일게.

C
'~하는 것이 좋겠다'라고 강력히 권고하는 표현에는 「had better+동사원형」을 쓴다. / '차라리 ~하겠다'는 표현은 「would rather+동사원형」을 쓴다.
slow down (속도를) 늦추다
late for ~에 늦은

D 다음 우리말과 같은 뜻이 되도록 빈칸에 알맞은 말을 쓰시오.

1 Adam은 Eve와 유럽 여행을 하고 싶어 한다.
→ Adam ___would___ ___like___ ___to___ ___travel___ ___Europe___ with Eve.

2 너는 이 약을 먹는 것이 좋겠다.
→ You ___had___ ___better___ ___take___ this medicine.

3 나는 등산을 하느니 차라리 집에서 쉬겠다.
→ I ___would___ ___rather___ ___relax___ at home ___than___ ___climb___ a mountain.

4 너는 그런 종류의 옷을 입지 않는 게 좋겠다.
→ You ___had___ ___better___ ___not___ ___wear___ those kind of clothes.

D
1 '~하고 싶다'는 소망을 나타내는 표현은 would like to이다.
2 '~하는 것이 좋겠다'라고 권유할 때는 「had better+동사원형」을 쓴다. / take medicine 약을 복용하다
3 'B하느니 차라리 A하는 것이 낫겠다'는 표현은 「would rather A than B」이다. / relax 쉬다
4 had better의 부정은 「had better not+동사원형」이다.

01 다음 우리말과 같은 뜻이 되도록 할 때 문장의 빈칸에 알맞은 것은?

> You _____ take the chance at that time.
> (너는 그때 기회를 잡았어야 했다.)

① had better   ② would like to
③ are used to   ④ didn't have to
✔⑤ had to

at that time으로 보아 과거형이 와야 하며 '~해야 했다'에 알맞은 것은 had to 이다. / • take the chance 기회를 잡다

02 다음 문장에 not이 들어갈 알맞은 위치를 고르시오.
I'd ① rather ✔② go ③ on ④ a business trip ⑤.
would rather의 부정 표현은 would rather not이다.
해석 나는 차라리 출장을 가지 않는 게 낫겠다.

[3~4] 다음 문장의 밑줄 친 부분과 바꾸어 쓸 수 있는 것을 고르시오.

03
> Katie <u>must</u> finish her report by this Friday.

① have to   ✔② has to
③ would rather   ④ used to
⑤ ought not to

must의 동의어는 have to인데 주어가 3인칭 단수, 시제가 현재이므로 has to가 알맞다.
해석 Katie는 이번 금요일까지 그녀의 보고서를 끝내야 한다.

04
> You <u>should</u> be quiet during class.

① had better   ✔② ought to
③ used to   ④ would rather
⑤ would like to

should는 '~해야 한다'는 뜻으로 ought to와 바꾸어 쓸 수 있다.
해석 너는 수업 시간에 조용히 해야 한다.

05 다음 문장을 부정문으로 고칠 때 바르지 <u>않은</u> 것은?
① It will rain this evening.
  → It won't rain this evening.
② We had better exchange this watch.
  → We had better not exchange this watch.
✔③ Brian ought to go to the park.
  → Brian ought to not go to the park.
④ Emily would rather water the flowers.
  → Emily would rather not water the flowers.
⑤ You should break your promise with him.
  → You shouldn't break your promise with him.

will, should, had better, would rather의 부정은 모두 뒤에 not을 붙이지만 ought to는 ought not to가 된다.
• exchange 교환하다 • water 물주다 • promise 약속
해석 ① 오늘 저녁에 비가 올 것이다. ② 우리는 이 손목시계를 교환하는 게 좋겠다. ③ Brian은 공원에 가야 한다. ④ Emily는 차라리 꽃에 물을 주는 것이 낫다. ⑤ 너는 그와의 약속을 깨야 한다.

06 다음 중 어법상 옳은 문장은?
① Samantha had not better follow the rules.
② You ought to exercising more often.
③ I would rather dying than live in dishonor.
✔④ Children should not watch TV after 10 P.M.
⑤ Our soccer team used to playing a game on Sundays.

① had better의 부정은 had better not이다. ② 「ought to+동사원형」이므로 exercise가 되어야 한다. ③ 「would rather+동사원형」이므로 die가 되어야 한다. ④ 「should not+동사원형」이므로 정답이다. ⑤ 「used to+동사원형」이므로 play가 되어야 한다. / • follow 따르다 • rule 규칙 • dishonor 불명예
해석 ① Samantha는 그 규칙을 따르지 않는 게 좋겠다. ② 너는 더 자주 운동을 해야 한다. ③ 나는 불명예스럽게 사느니 차라리 죽겠다. ④ 아이들은 밤 10시 이후에 TV를 보면 안 된다. ⑤ 우리 축구팀은 일요일마다 게임을 하곤 했었다.

07 다음 빈칸에 공통으로 들어갈 알맞은 것은?

> • _____ you like to drink some coffee?
> • My dad _____ cook for us at that time.

✔① would   ② could   ③ might
④ must   ⑤ should

정중한 권유를 나타내는 Would you like to ~?와 과거의 습관을 나타내고 있으므로 would가 공통으로 들어간다.
해석 커피 좀 드실래요? / 우리 아빠는 그 당시 우리를 위해 요리를 해 주곤 하셨다.

08 다음 중 밑줄 친 may의 의미가 나머지와 다른 것은?

① May I see your passport?
② You may leave here now.
✔③ The box may fall down in a minute.
④ May I borrow your cookbook?
⑤ Jackson may share my room if he wants.

③은 '~일지도 모른다'는 추측의 의미이고, 나머지는 '~해도 좋다'는 허락의 의미이다. / ·passport 여권 ·fall down 떨어지다 ·share 공유하다
해석 ① 여권을 봐도 될까요? ② 너는 지금 여기를 떠나도 좋다.
③ 그 상자가 곧 떨어질지도 모른다. ④ 네 요리책을 빌려도 될까?
⑤ Jackson이 원한다면 내 방을 같이 써도 좋다.

09 다음 대화의 빈칸에 알맞은 말을 쓰시오.

A Why have you brought your little brother to the library?
B I ___have___ ___to___ take care of him today.
A Why?
B Mom is visiting our grandpa. He is ill.

엄마가 편찮으신 할아버지를 방문했다는 문장이 이어지므로 have to가 알맞다.
·bring 데려오다 ·take care of ~를 돌보다
해석 A: 네 남동생을 왜 도서관에 데려왔니? B: 내가 오늘 동생을 돌보아야 해.
A: 왜? B: 엄마는 할아버지 댁에 가셨거든. 할아버지께서 편찮으셔서.

10 다음 두 문장이 같은 뜻이 되도록 빈칸에 알맞은 말을 쓰시오.

Can you walk straight with one eye closed?
→ ___Are___ you ___able___ ___to___ ___walk___ straight with one eye closed?

can이 '~할 수 있다'는 가능을 나타낼 때 be able to와 바꾸어 쓸 수 있다.
해석 너는 한쪽 눈을 감은 채 똑바로 걸을 수 있니?

11 주어진 단어를 배열하여 자연스러운 문장을 만드시오.

(with / travel to / would / I / to / like / Africa / you)
→ ___I would like to travel to Africa with you.___

「would like to+동사원형」으로 표현한다.
해석 나는 너와 함께 아프리카로 여행가고 싶다.

12 다음 우리말을 영어로 옮기시오.

Miranda는 그 가방을 살 필요가 없었다.
→ ___Miranda didn't have to buy the bag.___

'~할 필요가 없다'는 don't have to인데 시제가 과거이므로 didn't have to로 써야 한다.

13 다음 문장을 부정문으로 바꿔 쓰시오.

Harry must be a lawyer in that law firm.
(Harry는 저 법률 회사의 변호사임에 틀림없다.)
→ ___Harry cannot be a lawyer in that law firm.___

'~임에 틀림없다'는 추측의 must에 반대되는 표현은 cannot(~일 리 없다)을 쓴다.

해석 A: 실례합니다. 이 근처에 꽃가게가 있나요? B: 확실히는 잘 모르지만 5번가에 하나 있을 거예요. A: 거기에 어떻게 가나요? B: 네 블록을 곧장 가거나 버스를 타세요. A: 걷느니 차라리 버스를 타는 게 낫겠네요.

14 다음 대화에서 틀린 부분을 찾아 바르게 고쳐 쓰시오.

A Excuse me. Is there a flower shop around here?
B I'm not sure but there may be one on the 5th street.
A How can I get there?
B Go straight four blocks or take a bus.
A I would rather take a bus than walking.

___walking___ → ___walk___

would rather A than B는 'B하느니 차라리 A하겠다'라는 뜻으로, A와 B에는 동사원형이 온다. / ·straight 똑바로 ·take a bus 버스를 타다

해석 내가 초등학생이었을 때, 나는 캐나다에 살았다. 나는 아름다운 마을에서 살았다. 우리집 앞에는 오래된 나무가 한 그루 있었다. 그것은 백 년 묵은 나무였다. 나는 더운 날 그 나무 밑에서 자곤 했다. 나는 그 나무가 그립다.

15 다음 글의 빈칸에 알맞은 말을 쓰시오.

When I was in elementary school, I lived in Canada. I lived in a beautiful village. There ___used___ ___to___ be an old tree in front of my house. It was one hundred years old. I would sleep under the tree on a hot day. I miss it.

과거의 경험을 얘기하고 있다. 현재까지 지속되지 않는 과거의 상태를 나타내고 있으므로 '~이었다, ~하곤 했다'의 의미인 used to를 쓴다.
·village 마을 ·miss 그리워하다

 다음 ( ) 안에서 알맞은 말을 고르시오.

1 I thought you (will, ✓would) finish the project within a week.
시제 일치로 will의 과거형인 would를 써야 한다.

2 He (✓must be, doesn't have to) the owner of this house.
must be는 '~임에 틀림없다', don't have to는 '~할 필요가 없다' 이므로 must be가 자연스럽다.

3 Jina will (✓sing, to sing) a song for us.
「will+동사원형」이 되어야 한다.

4 We (✓should, shouldn't) cross at the crosswalk.
내용상 '~해야 한다'는 의미가 필요하므로 긍정형인 should를 쓴다.

B 다음 문장의 빈칸에 알맞은 것을 고르시오.

1 Will you _____ me do this homework?
  ① helped   ② helping   ✓③ help
조동사 will 다음에는 동사원형이 와야 한다.

2 Joshua _____ make a model airplane.
  ✓① can   ② was   ③ is
뒤에 동사원형이 있는 것으로 보아 조동사가 필요하다.

3 We have to _____ poor people.
  ✓① help   ② helping   ③ helps
have to 다음에는 동사원형이 와야 한다.

 다음 두 문장이 같은 뜻이 되도록 빈칸에 알맞은 말을 쓰시오.

1 Parents must teach their children manners.
  → Parents ___have___ ___to___ teach their children manners.
must의 동의어는 have to이다.

2 Dorothy will leave this city tonight.
  → Dorothy ___is___ ___going___ ___to___ leave this city tonight.
will은 be going to로 바꿀 수 있다. 주어가 3인칭 단수이므로 is가 알맞다.

3 Rich people should help poor people.
  → Rich people ___ought___ ___to___ help poor people.
should는 ought to로 바꿀 수 있다.

4 Jane can play the cello very well.
  → Jane ___is___ ___able___ ___to___ play the cello very well.
can은 be able to로 바꿀 수 있다.

다음 문장의 **틀린** 부분을 바르게 고쳐 문장을 다시 쓰시오.

1 You ought to not waste money on luxurious things.

→ _____ You ought not to waste money on luxurious things. _____

ought to의 부정 표현은 ought not to이다.

2 I wouldn't rather join the camping trip.

→ _____ I would rather not join the camping trip. _____

would rather의 부정 표현은 would rather not이다.

3 Christina used go to church on Sundays.

→ _____ Christina used to go to church on Sundays. _____

과거의 규칙적 습관은 used to로 나타낸다.

4 You should keeping the safety rules in the swimming pool.

→ _____ You should keep the safety rules in the swimming pool. _____

「should+동사원형」 ~해야 한다

5 I admit that you can get angry with Dan. But you'd better to say nothing.

→ _____ I admit that you can get angry with Dan. But you'd better say nothing. _____

had better 다음에는 동사원형을 쓴다.

6 The workers not must work till late at night.

→ _____ The workers must not work till late at night. _____

조동사의 부정은 항상 조동사 뒤에 not을 넣는다.

다음 우리말과 같은 뜻이 되도록 빈칸에 알맞은 말을 쓰시오.

1 오늘 근사한 식당에서 저녁 식사를 하시겠습니까?

→ _____Would_____ you _____like_____ _____to_____ have dinner at a nice restaurant today?

상대방에게 정중히 요청할 때는 Would you like to ~?라고 한다.

2 Tom은 그의 나쁜 버릇을 없애는 것이 좋겠어.

→ Tom _____had_____ _____better_____ get rid of his bad habits.

had better는 주어의 인칭과 수에 따라 형태가 변하지 않는다. / • get rid of ~을 없애다

3 네 여자 친구는 결혼 후에 너의 부모님이랑 같이 살아야 하니?

→ _____Does_____ your girlfriend have to live with your parents after marriage?

have to의 의문문은 「Do(es)+주어+have to ~?」이며 주어의 인칭과 시제에 따르면 「Does+주어+have to ~?」가 적절하다.

4 제 의견을 말씀드리고 싶습니다.

→ I _____would_____ _____like_____ to say my opinion.

소망을 정중히 말할 때 would like to를 쓴다.

5 우리는 그 파티에 초대받을지도 모른다.

→ We _____may_____ _____be_____ invited to the party.

약한 추측을 나타내는 「may+동사원형」인데, 수동태이므로 「may+be invited」가 된다.

EXERCISE

A

다음 ( ) 안에서 알맞은 말을 고르시오.

1 It rains (heavy, **heavily**) these days.

2 Mike was very (**sick**, sickly) when I visited him.

3 This herb tea tastes (**sweet**, sweetly).

4 Chris walked very (quick, **quickly**) on the crosswalk.

5 He kept (**quiet**, quietly) during the meeting.

> [해석] 1. 요즘 비가 심하게 내린다. 2. Mike는 내가 방문했을 때 많이 아팠다. 3. 이 허브 차는 달콤한 맛이 난다.
> 4. Chris는 횡단보도에서 매우 빨리 걸었다. 5. 그는 회의 동안 조용히 있었다.

A

1 rain은 완전자동사로 보어가 [필요]
하지 않다. 뒤에 rain을 수식하[는]
부사가 온다. / heavily 심하게

2 be동사는 보어를 필요로 하는 [불]
전자동사이므로 보어 역할을 [하는]
형용사가 와야 한다.

3 지각동사인 taste는 불완전자[동사]
이므로 보어 역할을 하는 형용[사가]
필요하다. / taste ~한 맛이 나[다]

4 동사 walk를 수식하는 부사가 [필]
요하다. / crosswalk 횡단보도

5 keep은 보어가 필요한 불완전[자동]
사로 형용사가 뒤따른다.

B

다음 문장의 형식을 쓰시오.

1 A kite is flying in the sky. 1형식

2 They kept silent after severe quarreling. 2형식

3 To be honest, she looked terrible at the party. 2형식

4 Some insects live near the surface of the water. 1형식

5 The accident occurred while the students were away. 1형식

> [해석] 1. 연 하나가 하늘에서 날고 있다. 2. 그들은 심한 말다툼 후에 아무 말도 하지 않았다. 3. 솔직히, 파티에서 그녀는 안 좋아 보였다.
> 4. 어떤 곤충들은 수면 가까이에 산다. 5. 그 사고는 학생들이 나가 있는 동안 발생했다.

B

부사구는 아무리 길어도 문장의 형[식]
에 영향을 미치지 않는다. 주어와 동[사]
를 먼저 찾은 다음, 보어를 찾는다.

1 A kite is flying in ~
   S   V   부사구
1형식 문장이다.

2 They kept silent after ~
  S   V   C   부사구
2형식 문장이다.

3 To be honest, she looke[d]
   부사구   S   V
terrible at the party.
   C   부사구
2형식 문장이다.

4 Some insects live near ~
   S   V   부사구
1형식 문장이다.

5 The accident occurred
    S   V
while ~
부사절
1형식 문장이다.

C

다음 대화에서 **틀린** 부분을 모두 찾아 바르게 고쳐 쓰시오.

A What are you baking? It smells sweetly. sweetly → sweet

B It's cranberry cake, my favorite. By the way, you look beautifully today. What's up? beautifully → beautiful

A Actually I'm supposed to go out with Denny tonight. I'm so nervous.

B Good for you. Don't worry.

> [해석] A: 무엇을 굽고 있니? 냄새가 달콤하다. B: 크렌베리 케이크야. 내가 제일 좋아하는 거지. 그건 그렇고 너 오늘 아름다워 보인다. 무슨 일이니?
> A: 사실은 나 오늘 저녁에 Denny랑 데이트 하기로 했어. 너무 긴장돼. B: 정말 잘됐다. 걱정하지 마.

C

지각동사 smell, look은 불완전자[동]
사로 쓰여 뒤에 형용사 보어를 취한[다.]
be supposed to ~하기로 되어 있[다]

D

다음 ( ) 안에 주어진 말을 사용하여 우리말을 영작하시오.

1 나는 금요일마다 자전거 타고 학교에 간다. (go, by bike)

→ ____I go to school by bike on Fridays.____

2 Cindy는 오늘 너무 예뻐 보인다. (look, pretty)

→ ____Cindy looks very pretty today.____

3 바다에는 많은 물고기가 살고 있다. (a lot of fish, sea)

→ ____A lot of fish live in the sea.____

4 엄마의 요리는 항상 좋은 냄새가 난다. (cooking, smell)

→ ____My mom's cooking always smells good.____

D

1 주어 I와 동사 go로 이뤄진 1형[식]
문장이다. 뒤에 이어지는 내용은 [모]
두 부사구이다.

2 「look+형용사 보어」의 2형[식 문장]
이다.

3 주어는 a lot of fish, 동사는 liv[e]
인 1형식 문장이다.

4 「smell+형용사 보어」의 2형식 [문]
장이다.

Page 34

A 다음 문장의 형식을 쓰시오.

1 Amy entered the room to turn off the light. 3형식
Amy는 불을 끄기 위해서 방으로 들어갔다.

2 Pierre resembled his grandfather. 3형식
Pierre는 그의 할아버지를 닮았다.

3 Electricity gives us a lot of energy. 4형식
전기는 우리에게 많은 에너지를 준다.

4 Show us your family pictures. 4형식
저희에게 당신의 가족 사진을 보여 주세요.

B 다음 문장에서 <u>틀린</u> 부분을 찾아 바르게 고쳐 쓰시오.

1 Ted and his father discussed about his school work last night. discussed about → discussed
Ted와 그의 아버지는 어젯밤에 그의 학업에 관해 의논했다.

2 My grandmother made the quilt to my mother when she got married. to → for
우리 할머니께서 엄마가 결혼할 때 그 누비이불을 만들어주셨다.

3 We reached at the peak after 4 hours of climbing. reached at → reached
우리는 네 시간의 등정 후에 정상에 이르렀다.

4 My friend sent a card me. a card me → me a card 혹은 a card to me
내 친구가 나에게 카드를 한 장 보냈다.

C 다음 대화를 읽고 ( ) 안에서 알맞은 말을 고르시오.

1 A Where did you get that skirt? 그 치마 어디서 샀니?
B Dad bought it (for✓, to) me. 우리 아빠가 사 주셨어.

2 A Why are you so depressed? 왜 그렇게 우울한 거니?
B Tony lent an MP3 (to✓, for) me, but I lost it. Tony가 나에게 MP3를 빌려줬는데, 내가 그것을 잃어버렸어.

3 A What do you think I should do? 내가 어떻게 해야 한다고 생각하니?
B Well... we need to (discuss✓, discuss about) the problem. 글쎄…… 우리는 이 문제에 대해 상의해 볼 필요가 있어.

4 A The train is now (approaching to, approaching✓) this station. 기차가 이 역으로 들어오고 있어.
B It's time to say good-bye. 이제 작별을 해야겠네.

D 다음 ( ) 안에 주어진 단어를 사용하여 우리말을 영작하시오.

1 Robert는 그의 아내에게 노트북을 사 주었다. (buy)
→ Robert __bought a laptop computer for his wife / bought his wife a laptop computer__ .

2 나는 수학 선생님께 질문을 했다. (ask)
→ I __asked a question of my math teacher / asked my math teacher a question__ .

3 사람들이 우리에게 많은 책들을 보내주었다. (send)
→ People __sent a lot of[many] books to us / sent us a lot of[many] books__ .

4 저에게 물 좀 갖다 주시겠어요? (get)
→ Would you __get some water for me / get me some water__ ?

EXERCISE

A

A 다음 ( ) 안에서 알맞은 말을 고르시오.

1 Mark saw her (to mop, mopping✓) the floor yesterday.
Mark는 어제 그녀가 마루를 닦는 것을 보았다.

2 Gary asked Jane (dancing, to dance✓) with him at the party.
Gary는 파티에서 Jane에게 춤추자고 요청했다.

3 My parents want me (to become✓, become) a journalist.
우리 부모님은 내가 언론인이 되기를 바라신다.

4 Luckily, they let her (to go, go✓) safely.
다행히, 그들은 그녀를 안전하게 보내주었다.

A
1 see는 지각동사로 동사원형이나 재분사(-ing형)가 목적격 보어로 올 수 있다. / mop 걸레질하다
2, 3 ask와 want는 5형식으로 쓸 때 목적격 보어 자리에 to부정사만 취한다.
4 let은 사역동사로 목적격 보어에 사원형이 온다.

B

B 다음 문장에서 **틀린** 부분을 찾아 바르게 고쳐 쓰시오.

1 Violet saw her friend cheated on the mid-term exam. cheated → cheat[cheating]
Violet은 그녀의 친구가 중간고사에서 부정 행위를 하는 것을 보았다.

2 Gary let me to sing in the subway this morning. to sing → sing
Gary는 오늘 아침 지하철에서 나에게 노래를 시켰다.

3 My parents forced me study architecture. study → to study
우리 부모님은 내가 건축학을 공부하게 하셨다.

4 Peter made his wife happily. happily → happy
Peter는 그의 아내를 행복하게 만들어 주었다.

C

C 다음 대화의 빈칸에 알맞은 말을 〈보기〉에서 골라 쓰시오.

보기	look for	try on	take off	turn on	turn off

1 A I can't find my car key. I don't remember where I put it. 내 차 열쇠를 찾을 수가 없네. 내가 어디다 뒀는지 기억이 안 나.
   B Let's __look__ __for__ it together. 함께 찾아보자.

2 A It is too dark in this room. 이 방은 너무 어둡다.
   B I will __turn__ the light __on__. 내가 불을 켤게.

3 A This cap is pretty. 이 모자 예쁘다.
   B __Try__ it __on__. 써 보세요.

4 A Please __take__ __off__ your shoes inside. 실내에서 신발을 벗어주세요.
   B Oh, sorry. 오, 죄송합니다.

C
1 '~을 찾다'는 의미의 구동사는 look for이다.
2 너무 어둡다고 하므로 '불을 켜라'는 의미인 turn on이 적절하다.
3 '입어 보다, 써 보다'는 try on을 쓴다.
4 '~을 벗다'는 take off이다.

D

D 다음 우리말과 같은 뜻이 되도록 빈칸에 알맞은 말을 쓰시오.

1 그녀는 아들에게 테니스 동아리에 가입하라고 충고했다.
   → She __advised__ her son __to__ __join__ the tennis club.

2 길거리에서 쓰레기를 보면 그것을 주워야 한다.
   → If you see garbage on the street, you should __pick__ __it__ __up__.

3 Nancy가 우리와 함께 캠핑 가도록 해 주세요.
   → Please __let__ Nancy __go__ __camping__ with us.

D
1 advise는 목적격 보어로 to부정사를 취한다.
2 목적어가 대명사 it이므로 pick up의 어순이 되어야 한다. garbage 쓰레기 pick up 줍다
3 사역동사인 let은 목적격 보어로 동사원형을 취한다.

LET'S PRACTICE

01 다음 중 문장 성분이 잘못 연결된 것은?

> They saw a lot of people clapping in the stadium.

① They – 주어
② saw – 동사
③ a lot of people – 목적어
✔④ clapping – 주격 보어
⑤ in the stadium – 부사구

해석 그들은 경기장에서 많은 사람들이 박수를 치고 있는 것을 보았다.

「주어+동사+목적어+목적격 보어」로 이루어진 5형식 문장이다. clapping은 목적어를 보충 설명하는 목적격 보어이다. / • clap 손뼉치다

02 다음 두 문장이 같은 뜻이 되도록 빈칸에 알맞은 말을 쓰시오.

> Steven taught me how to drive.
> → Steven taught how to drive __to__ __me__ .

4형식 「S+V(teach)+I.O.+D.O.」 → 3형식 「S+V(teach)+D.O.+to+I.O.」
• how to drive 운전하는 방법

해석 Steven은 내게 운전하는 법을 가르쳐 주었다.

03 다음 중 어법상 어색한 문장은?

① It snowed a lot last year.
작년에 눈이 많이 왔다.
② The leaves turned red and yellow.
나뭇잎들이 붉고 노랗게 물들었다.
✔③ My sister helped me doing my homework.
누나는 내가 숙제하는 것을 도와주었다.
④ There is a pine tree in my garden.
내 정원에는 소나무 한 그루가 있다.
⑤ The girl asked me to help her.
그 소녀는 내게 도와달라고 요청했다.

① 1형식 문장이다. ② 2형식 문장이다. ③ help는 목적격 보어로 to부정사나 동사원형을 취한다. (doing → (to) do) ④ there가 유도부사로 쓰인 1형식 문장이다. ⑤ 「ask+목적어+to부정사」인 5형식 문장이다. / • turn ~가 되다 • pine tree 소나무

04 다음 중 밑줄 친 동사의 종류가 다른 것은?

① I like this comfortable chair.
나는 이 안락한 의자가 좋다.
② He didn't bring his homework.
그는 숙제를 안 가져왔다.
③ Britney really hates loud music.
Britney는 시끄러운 음악을 정말 싫어한다.
✔④ He became brave after the training.
그는 그 훈련 뒤에 용감해졌다.
⑤ Dan wrote this letter in English.
Dan은 이 편지를 영어로 썼다.

④ become은 목적어가 필요 없고 보어만 필요한 불완전자동사인 반면, 나머지 동사들은 보어가 필요 없고 목적어가 필요한 완전타동사이다.
• comfortable 편안한, 안락한 • brave 용감한

05 다음 중 밑줄 친 부분이 어법상 어색한 것은?

① We saw Judy jumping rope.
② I helped my mom to do the dishes.
③ My brother wants me to follow his footsteps.
✔④ They let their child going to the concert.
⑤ I heard something break loudly.

해석 ① 우리는 Judy가 줄넘기하는 것을 보았다. ② 나는 엄마가 설거지하는 것을 도왔다. ③ 내 남동생이 내가 그의 발자국을 쫓아오길 바란다. ④ 그들은 아이를 그 음악회에 가도록 했다. ⑤ 나는 무언가 시끄럽게 부서지는 소리를 들었다.

④ let은 사역동사이므로 목적격 보어로 동사원형이 와야 한다. (going → go)
• footstep 발자국

06 다음 〈보기〉와 문장 형식이 같은 것은?

> **보기** His face turned red like a tomato. 2형식
> 그의 얼굴은 토마토처럼 빨개졌다.

① Christy made me so angry.
Christy는 나를 아주 화나게 했다.
② There lived an old man near the beach.
바닷가 근처에 한 노인이 살고 있었다.
✔③ My aunt is a math teacher in a high school.
우리 이모는 고등학교의 수학 선생님이다.
④ We like to cook together at home.
우리는 집에서 요리하는 것을 좋아한다.
⑤ Jake sent me a strange text message.
Jake는 나에게 이상한 문자 메시지를 보냈다.

① 5형식 ② 유도부사 there가 쓰인 1형식 ③ a math teacher가 is의 보어로 쓰인 2형식 ④ to cook이 like의 목적어인 3형식 ⑤ 간접목적어와 직접목적어가 있는 4형식

07 다음 문장의 빈칸에 알맞지 않은 것은?

> That _____ wonderful to me.

① sounds ② smells ③ looks
④ tastes ✔⑤ begins

형용사를 보어로 취하는 불완전자동사는 지각동사 ①, ②, ③, ④이다. begin은 뒤에 보어를 취하지 않는다.

해석 Samuel이 Victoria에게 함께 파티에 가기를 요청했다. / 우리 부모님께서는 내가 대학에 가기를 원하신다.

08 다음 ( ) 안에 주어진 단어를 알맞은 형태로 바꿔 쓰시오.

> • Samuel asked Victoria __to go__ to the party with him. (go)
> • My parents want me __to go__ to college. (go)

ask, want는 둘 다 목적격 보어로 to부정사를 취하는 동사로, 「주어+동사+목적어+to부정사」의 5형식 문장이다. / • college 대학

09 다음 대화의 ( ) 안에서 알맞은 말을 고르시오.

Son　I can't understand what this article is about. Please help me.

Mom　Sorry, I can't. I'm so busy now. How about asking it (to, for, **of**) your dad?

Son　All right.

「S＋V(ask)＋D.O.＋of＋I.O.」
• article 기사 • How about ～? ～하는 게 어때?

해석 아들 : 저는 이 기사가 무엇에 관한 것인지 이해가 안 돼요. 저 좀 도와주세요. 엄마 : 미안하지만, 안 되겠구나. 난 지금 너무 바빠. 아빠한테 여쭤보는 게 어떻겠니? 아들 : 알겠어요.

어제의 이야기이므로 동사는 모두 과거형으로 쓰고, cook은 3형식에서 전치사 for를, give는 3형식에서 전치사 to를 취하는 동사이다. / • delicious 맛있는
• on the way home 집에 오는 길에 • set the table 상차리다

10 다음 글의 빈칸에 알맞은 말을 〈보기〉에서 골라 바른 형태로 쓰시오.

보기　help　buy　want　for　to　of

Yesterday was my sister's birthday. My mom cooked some delicious dishes ___for___ us. My dad _bought_ a big cake on the way home. I ___helped___ Mom set the table. I gave a small present ___to___ my sister. We had a good time.

해석 어제는 내 여동생 생일이었다. 엄마는 우리에게 맛있는 음식들을 요리해 주셨다. 아빠는 집에 오는 길에 큰 케이크를 사셨다. 나는 엄마가 상 차리시는 것을 도와드렸다. 나는 여동생에게 작은 선물을 주었다. 우리는 즐거운 시간을 보냈다.

① make a noise 소음을 내다 ② 「try＋to부정사」의 부정은 「try＋not＋to부정사」 ③ annoying은 became의 보어로 2형식 문장 ④ 「cannot but＋동사원형」 ～하지 않을 수 없다 ⑤ 「동사＋대명사 목적어＋부사」 (turn down it → turn it down) / • pay attention to ～에 주의를 기울이다 • annoying 짜증나는
• to make things worse 설상가상으로

11 다음 대화의 밑줄 친 부분을 바르게 고쳐 쓰시오.

Cathy　Mom, I'm so thirsty.

Mom　Drink some milk on the table.

Cathy　Mom, it tastes terribly. I think it went bad.

→ ___terrible___

taste는 불완전자동사이므로 보어로 형용사를 취한다. / • go bad 상하다

해석 Cathy : 엄마, 저 너무 목말라요. 엄마 : 식탁 위에 있는 우유 좀 마셔. Cathy : 엄마, 맛이 너무 안 좋아요. 이거 상한 것 같아요.

• marry 결혼하다　• allow A to do A가 ～하도록 허락하다　• silent 조용한

12 다음 중 어법상 옳은 문장은?

① Would you write down them?
그것들을 적어 두시겠어요?
✔② I watched the man open the door.
나는 그 남자가 문을 여는 것을 보았다.
③ Kate married with a very rich man.
Kate는 매우 부유한 남자와 결혼했다.
④ My boss allowed me have a long vacation.
우리 사장은 내가 긴 휴가를 갖도록 허락해 주었다.
⑤ Nancy kept silently while she was watching the movie. Nancy는 영화를 보는 동안 조용 했다.

① 대명사 목적어는 동사와 부사의 사이에 와야 한다. (write down them → write them down) ② 「watch＋목적어＋목적격 보어(동사원형)」의 5형식 문장 ③ marry는 타동사이므로 전치사 with는 불필요하다. (married with → married) ④ 「allow＋목적어＋목적격 보어(to부정사)」의 5형식 문장 (have → to have) ⑤ 형용사가 보어로 쓰이는 2형식 문장 (silently → silent)

13 다음 우리말과 같은 뜻이 되도록 빈칸에 알맞은 말을 쓰시오.

선생님은 Ally가 반 아이들 앞에서 그 이야기를 읽도록 하셨다. (have)
→ The teacher ___had___ ___Ally___ ___read___ the story in front of the class.

「사역동사(have)＋목적어＋목적격 보어(동사원형)」의 형태로 쓰인 5형식 문장이다.

해석 나는 당신께 진주 장식이 된 이 청바지를 선택하시라고 조언해 드립니다.

14 다음 단어를 알맞은 순서로 배열하여 문장을 바르게 쓰시오.

(to / with pearls / you / advise / these jeans / I / choose)
→ 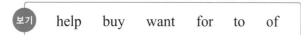 ___I advise you to choose these jeans with pearls.___

advise는 목적격 보어로 to부정사를 취하는 불완전타동사이다. / • pearl 진주

해석 내가 도서관에서 책을 읽기 시작했을 때, 내 옆의 소녀가 시끄럽게 했다. 그녀에게 신경쓰지 않으려고 노력했지만, 그 소리는 나를 짜증나게 했다. 그녀에게 조용히 해달라고 부탁하지 않을 수 없었다. 설상가상으로, 10분 뒤에 그녀는 MP3 플레이어를 시끄럽게 틀었다. 나는 그녀에게 소리를 줄여 달라고 얘기했다.

15 다음 밑줄 친 ①～⑤ 중 어법상 어색한 것은?

When I started reading a book in the library, the girl next to me ① made a noise. I ② tried not to pay attention to her, but the noise ③ became annoying. I cannot but ④ ask her to be quiet. To make things worse, 10 minutes later, she turned her MP3 player loud. I told her to ✔⑤ turn down it.

 다음 ( ) 안에서 알맞은 말을 고르시오.

1 It rains (heavy, heavily✓) these days.
1형식 문장이므로 「S+V+부사(구)」가 되어야 한다.

2 This coffee smells (sweet✓, sweetly).
2형식 문장이므로 「S+V+C」가 되어야 하며 보어 자리에는 형용사가 올 수 있다.

3 As time went on, he turned (confident✓, confidently)
보어 역할을 하는 것은 부사가 아닌 형용사이다. / • confident 자신감 있는

4 Don't forget to (turn it off✓, turn off it).
「동사+부사」의 구동사의 경우 목적어 대명사는 항상 동사와 부사 사이에 와야 한다.

 다음 문장의 빈칸에 ( ) 안의 단어를 알맞은 형태로 바꿔 쓰시오.

1 Mother Teresa loved ___taking[to take]___ care of poor people. (take)
동사의 목적어가 필요하므로 목적어 역할을 할 수 있는 taking이나 to take로 바꾼다. loved 뒷 부분 전체가 목적어에 해당하는 3형식 문장이다.

2 Mom wants me ___to clean___ my room every day. (clean)
「want+목적어+to부정사」는 '~가 …하기를 원하다'라는 뜻의 5형식 문장이다.

3 I heard the patient ___scream [screaming]___ while the dentist was pulling out her tooth. (scream)
「hear+목적어+동사원형/현재분사」는 '~가 …하는 소리를 듣다'라는 뜻의 5형식 문장이다.

4 There ___are___ lots of people on the street. (be)
There is/are ~에서 there는 유도부사이고, 문장의 주어는 lots of people인 1형식 문장이다.

 다음 문장의 빈칸에 알맞지 <u>않은</u> 것을 고르시오.

1 I will _____ a skirt for my daughter.
✓① give   ② buy   ③ make
3형식 문장에서 전치사 for를 쓸 수 없는 동사는 ①이다.

2 That _____ great.
① smells   ② tastes   ✓③ buys
형용사인 보어 앞이므로 불완전자동사가 필요하다. ③은 목적어가 필요한 타동사이다.

3 We _____ the issue frequently.
① discussed   ② changed   ✓③ went
3형식 문장은 「S+V+O」의 어순이고, 목적어가 있으므로 완전자동사인 go는 올 수 없다.

4 My uncle won't _____ the car to me.
① lend   ✓② buy   ③ show
4형식 문장을 3형식으로 바꿔 「S+V+D.O.+전치사+I.O.」에서 to를 취할 수 있는 동사는 lend와 show이고, buy는 전치사 for가 와야 한다.

다음 문장을 3형식으로 바꿔 쓰시오.

1 A reporter asked the professor a question.

→ _____ A reporter asked a question of the professor. _____

ask는 3형식 전환시 전치사 **of**를 쓴다.

2 Robert bought his son a cap.

→ _____ Robert bought a cap for his son. _____

buy는 3형식 전환시 전치사 **for**를 쓴다.

3 My teacher told me some interesting news.

→ _____ My teacher told some interesting news to me. _____

tell은 3형식 전환시 전치사 **to**를 쓴다.

4 Would you get me some books?

→ _____ Would you get some books for me? _____

get은 3형식 전환시 전치사 **for**를 쓴다.

5 A policeman showed me the way to the station.

→ _____ A policeman showed the way to the station to me. _____

show는 3형식 전환시 전치사 **to**를 쓴다.

다음 우리말과 같은 뜻이 되도록 빈칸에 알맞은 말을 쓰시오.

1 우리는 어려움에 처했을 때 다른 사람들의 도움을 요청할 수 있다.

→ We can _____ask_____ _____for_____ others' help when we're in need.
• ask for ~을 요청하다 • be in need 어려움에 처하다

2 우리 할머니는 내 사촌을 돌보신다.

→ My grandma _____takes_____ _____care_____ _____of_____ my cousin.
• take care of ~를 돌보다

3 그 회사는 그 제품들을 만드는 데 천연 자원을 이용했다.

→ The company _____made_____ _____use_____ _____of_____ natural resources to make the products.
• make use of ~을 이용하다

4 그 문제를 해결할 더 쉬운 방법을 찾아보자.

→ Let's _____look_____ _____for_____ an easier way to solve the problem.
• look for ~을 찾다

5 실내에서는 모자를 벗어야 한다.

→ You should _____take_____ _____off_____ your cap indoors.
• take off ~을 벗다

6 나는 퀴즈쇼를 보려고 TV를 켰다.

→ I _____turned_____ _____on_____ the TV to watch the quiz show.
• turn on ~을 켜다

A 다음 ( ) 안에서 알맞은 말을 고르시오.

1 There were (a number of ✓, a great deal of) interesting books to read.

2 She has (a few ✓, a little) problems she should solve.

3 The skill training center has (many ✓, much) helpful programs for the youth.

4 There is (few, little ✓) flour. Will you get some on your way home?

해설 1. 재미있는 읽을 책들이 많이 있었다. 2. 그녀는 그녀가 해결해야 할 몇 가지 문제들이 있다. 3. 그 기술 훈련 센터는 청소년들에게 도움이 될 만한 프로그램들을 많이 가지고 있다. 4. 밀가루가 거의 없어. 집에 돌아오는 길에 좀 사오겠니?

A
1 book은 셀 수 있는 명사이므로 '많은'이라는 의미의 a number of가 필요하다.
2 problem은 셀 수 있는 명사이므로 a few가 적절하다.
3 program은 셀 수 있는 명사이므로 many가 적절하다.
skill 기술　helpful 도움이 되는
youth 청소년, 청년
4 flour는 셀 수 없는 명사이므로 little이 적절하다.

B 다음 문장에서 <u>틀린</u> 부분을 찾아 바르게 고쳐 쓰시오.

1 Jerry has many friends, but he has little good ones. little → few

2 A lot soldier were dying in the battle field. A lot soldier → A lot of soldiers

3 There was any trouble with my parents. any → some

4 Mary gave me many information about the new movie. many → a lot of[much]

해설 1. Jerry는 친구가 많은데 좋은 친구는 거의 없다. 2. 많은 군인들이 전쟁터에서 죽어갔다. 3. 나의 부모님과 약간의 문제가 있었다. 4. Mary는 나에게 새 영화에 대한 많은 정보를 주었다.

B
1 good ones는 good friends를 의미하므로 little 대신 수를 나타내는 few가 필요하다.
2 「a lot of + 복수명사」
battle field 전쟁터
3 긍정문이므로 any가 아니라 some이 와야 한다.
4 information은 셀 수 없는 명사이므로 a lot of나 much를 쓴다.

C 다음 문장의 빈칸에 알맞은 말을 쓰시오.

1 There was ___a___ ___great___ ___deal___ ___of___ loss in the last quarter. We must recover it.

2 Call us at 555-1212 if you have ___any___ questions about your reservation.

3 I'm totally broke because I spent ___a___ ___lot___ ___of___ money in buying presents for Christmas.

4 We have ___little___ sugar. So I'd appreciate it if you get some.

해설 1. 지난 분기에 굉장한 양의 손실이 있었다. 우리는 그것을 회복시켜야 한다. 2. 당신의 예약에 관해 질문이 있으시면 555-1212로 전화주십시오. 3. 나는 크리스마스 선물을 사는 데 너무 많은 돈을 써서 완전히 파산이다. 4. 설탕이 거의 없어. 그러니까 네가 좀 사다주면 고맙겠어.

C
1 loss는 셀 수 없는 명사이고 it으로 받았으므로 '많은'이라는 뜻의 a great deal of가 적절하다.
loss 손실　quarter 4분의 1, 분기
recover 회복시키다
2 조건문에서는 any를 쓴다.
reservation 예약
3 파산의 이유가 선물 사는 데 '많은' 돈을 썼기 때문이므로 a lot of가 적절하다. / broke 파산한
4 '거의 없는'이라는 뜻의 단어가 필요하고 sugar는 셀 수 없는 명사이므로 little이 적절하다.
appreciate 고마워하다

D 다음 우리말과 같은 뜻이 되도록 빈칸에 알맞은 말을 쓰시오.

1 Lauren은 이기적이어서 친구가 거의 없다.
→ Lauren ___is___ ___selfish___, so she has ___few___ friends.

2 다른 사람들에게서 도움을 좀 못 받았던 거니?
→ Didn't you ___get___ ___any___ help from others?

3 나는 영화를 만드는 데 상당히 많은 관심을 갖고 있다.
→ I have ___a___ ___great___ ___deal___ ___of___ interest in making movies.

D
1 '거의 없는'이라는 의미의 형용사는 few, little인데 friend는 셀 수 있는 명사이므로 few로 수식한다.
2 '조금의'라는 의미로 쓸 때 긍정문에서는 some, 의문문이나 부정문에서는 any를 쓴다.
3 interest는 셀 수 없는 명사이므로 a great deal of가 적절하다.

EXERCISE

A 다음 ( ) 안에서 알맞은 말을 고르시오.

1 The boys are (✓playing, played) soccer together.
그 소년은 함께 축구를 하고 있다.

2 The picture was (taking, ✓taken) by a famous photographer.
그 사진은 유명한 사진사가 찍었다.

3 Kyle had already (leaving, ✓left) school when I arrived there.
Kyle은 거기에 내가 도착했을 때 이미 학교를 떠났다.

4 I saw the water (✓boiling, boiled). So I turned off the burner.
나는 물이 끓고 있는 것을 보았다. 그래서 버너를 껐다.

A
1 소년들이 축구를 하고 있는 것으로 능동·진행의 의미인 현재분사 필요하다.
2 사진이 찍히는 것이므로 수동 과거분사가 필요하다. / fam 유명한 photographer 사진
3 Kyle이 이미 학교를 떠났으므로 료의 의미인 과거분사가 필요하
4 지각동사 saw의 목적적 보어 이다. 능동·진행을 나타내는 분사가 필요하다. / burner 버

B 다음 두 문장이 같은 뜻이 되도록 빈칸에 알맞은 말을 쓰시오. (단, 주어진 문장 내의 단어를 이용할 것)

1 The movie "Crossing" was so touching.
→ I was ___touched___ by the movie "Crossing."
나는 영화 '크로싱'에 감동을 받았다.

2 They were excited while they were playing computer games.
→ The ___exciting___ computer games entertained them.
흥미로운 컴퓨터 게임이 그들을 즐겁게 해 주었다.

3 The physics teacher's boring lecture made me fall asleep in class.
→ I was ___bored___ of the physics lecture, so I fell asleep in class.
나는 지루한 물리 강의에 따분해져서 잠이 들었다.

B
1 사람의 감정 상태를 나타내므로 동의 의미인 과거분사가 필요하다
2 computer games의 특성을 타내므로 능동의 의미인 현재분사 필요하다.
3 내가 지루해진 것이므로 수동의 미인 과거분사가 필요하다.
fall asleep 잠들다

C 다음 ( ) 안에 주어진 단어를 알맞은 형태로 바꿔 빈칸에 쓰시오.

1 A Are there many ___exciting___ activities in the camping program? (excite)
  B Of course. You will have a great time.
  A: 캠핑 프로그램에 흥미진진한 활동들이 많이 있나요? B: 물론이지. 너는 정말 즐거운 시간을 보내게 될 거야.

2 A Our class were ___surprised___ to hear the news. Is it true? (surprise)
  B Yes, it is. Our teacher will quit to study abroad.
  A: 우리 반 모두는 그 소식을 듣고 놀랐어. 그게 진짜니? B: 응, 그래. 우리 선생님은 외국에 공부하러 가시려고 그만두신대.

3 A Why did you fall asleep during the concert?
  B Because listening to classical music is so ___boring___. (bore)
  A: 너는 왜 콘서트 중에 잠들었니? B: 왜냐하면 고전 음악을 듣는 것은 너무 지루해.

4 A How about going to the dancing festival this weekend?
  B Sorry, but I'm not ___interested___ in dancing. (interest)
  A: 이번 주말에 춤 축제에 가는 게 어때? B: 미안하지만 나는 춤에 관심없어.

C
1 '흥미진진한'이라는 의미가 되려 현재분사 exciting이 필요하다.
2 '놀란'이라는 의미가 되려면 과거 사 surprised가 필요하다.
quit 그만두다 abroad 해외로
3 '지루하게 하는'의 의미가 되려 현재분사 boring이 필요하다.
4 '관심 있는'의 의미가 되려면 과 분사 interested가 필요하다.
festival 축제

D 다음 우리말과 같은 뜻이 되도록 빈칸에 알맞은 말을 쓰시오.

1 Eric은 충격적인 아이디어를 내 놓았다.
→ Eric came up with ___a___ ___shocking___ ___idea___.

2 나는 여기에서의 나의 새 삶에 대해 정말 흥분된다.
→ I ___am___ ___really___ ___excited___ about my new life here.

3 네 사촌은 어제 등산을 해서 틀림없이 피곤할 거야.
→ Your cousin ___must___ ___be___ ___tired___ because she climbed a mountain yesterday.

EXERCISE

A 다음 ( ) 안에서 알맞은 말을 고르시오.

1 This story is (very ✓, much) boring.
이 이야기는 매우 지루하다.

2 Catherine works very (hard ✓, hardly). She is diligent.
Catherine은 매우 열심히 일한다. 그녀는 부지런하다.

3 One of my friends became the mother of twins (late, lately ✓).
내 친구들 중 한 명은 최근에 쌍둥이의 엄마가 되었다.

4 I've seen him (ago, before ✓) so I can recognize him easily.
나는 그를 예전에 본 적이 있어서 그를 쉽게 알아볼 수 있다.

A

1 형용사의 원급인 boring을 수식하므로 very가 맞다.
2 '열심히'라는 부사는 hard이다.
diligent 부지런한
3 '최근에'라는 부사는 lately이다.
twins 쌍둥이
4 현재완료 시제에서는 '전에'라는 의미로 before만 쓸 수 있다.
recognize 인지하다, 알아보다

B 다음 문장에서 <u>틀린</u> 부분을 찾아 바르게 고쳐 쓰시오.

1 She lives nearly Central Park in New York. nearly → near
그녀는 뉴욕의 센트럴 파크 가까이에 산다.

2 I hate my brother because he hard does the dishes after supper. hard → hardly
내 남동생은 저녁 식사 후에 거의 설거지를 하지 않아서 정말 밉다.

3 Darcy has never seen a ballet, and so have I. so → neither
Darcy는 발레를 본 적이 없고, 나도 그렇다.

4 The priest is high admired in this town. high → highly
그 목사님은 이 마을에서 상당히 존경받는다.

B

1 Central Park '가까이' 살고 있으므로 near가 적절하다.
2 설거지를 '거의 하지 않는다'는 말이 되어야 하므로 hardly가 적절하다.
3 부정문에 대한 동의이므로 so 대신 neither를 사용한다.
4 동사 is admired를 수식하는 부사 highly가 적절하다.
priest 목사, 성직자
admire 존경하다, 탄복하다

C 다음 밑줄 친 말이 문장 속에서 어떤 품사로 쓰이고 있는지 찾아 ✓표 하시오.

	형용사	부사
1 Anthony studies German very <u>hard</u> to travel there. Anthony는 그곳으로 여행하기 위해 독일어를 매우 열심히 공부한다.	☐	✓
2 Ronald was <u>late</u> for the conference. Ronald은 회의에 늦었다.	✓	☐
3 Mark leaped very <u>high</u> to jump over the hurdle. Mark는 장애물을 뛰어넘기 위해서 매우 높이 뛰어올랐다.	☐	✓
4 We didn't have <u>enough</u> money to buy that machine. 우리는 그 기계를 살 충분한 돈이 없었다.	✓	☐
5 There lives a very <u>friendly</u> neighbor next door. 이웃집에 아주 친절한 이웃이 살고 있다.	✓	☐

C

1 hard는 동사 studies를 수식하는 부사이다.
2 late는 be동사의 보어로 쓰인 형용사이다. / conference 회의, 회담
3 high는 동사 leaped를 수식하는 부사이다. / leap 높이 뛰어오르다
4 enough는 명사 money를 수식하는 형용사이다.
5 friendly는 명사 neighbor를 수식하는 형용사이다.
neighbor 이웃

D 다음 우리말과 같은 뜻이 되도록 빈칸에 알맞은 말을 쓰시오.

1 Mary는 그 새들이 높이 나는 것을 보고 매우 기뻤다.
→ Mary was so pleased to see the birds flying _____high_____.

2 그것은 네게 정말 어려운 시험이니까 열심히 공부하렴.
→ It's a very _____hard_____ test for you, so study _____hard_____.

3 Truman은 칭찬을 받는 데에 익숙하지 않다. 나도 그렇다.
→ Truman is not used to being praised. _____Neither_____ _____am_____ _____I_____.

4 너는 최근에 뭐 하느라 그렇게 바쁘니?
→ Why are you so busy _____lately[recently]_____ ?

D

1 high는 '높이'라는 뜻이다.
pleased 기쁜
2 hard는 형용사로는 '어려운'(= difficult), 부사로는 '열심히'라는 의미로 쓰인다.
3 부정문에 대해 상대방에게 동의하는 표현은 Neither do[am] I.인데, 앞 문장의 동사가 be동사이므로 Neither am I.로 쓴다.
be used to ~에 익숙하다
praise 칭찬하다
4 '최근에'라는 의미의 부사는 lately, recently이다.

01 다음 빈칸에 알맞지 <u>않은</u> 것은?

> Emma has _____ coins in her pocket.

① few   ② a few   ③ a lot of

④ no   ✔⑤ a great deal of

coin은 셀 수 있는 명사이므로 셀 수 있는 명사를 수식하는 a great deal of는 빈칸에 들어갈 수 없다. / •coin 동전

02 다음 ( ) 안의 지시대로 우리말을 영작하시오.

> 나는 그 결과를 거의 믿을 수 없다.
> (not / never 이외의 부정어를 사용할 것)
> → _____ I can hardly believe the result. _____

hardly는 '거의 ~ 않다' 라는 뜻으로 조동사 뒤에 위치한다.

03 다음 빈칸에 들어갈 말이 바르게 짝지어진 것은?

> • Do you put _____ sugar in your coffee?
> • Harry knows _____ funny stories.

① many – many   ② much – much

③ many – much   ✔④ much – many

⑤ few – little

sugar는 셀 수 없는 명사이므로 much로 수식하고, stories는 셀 수 있는 명사이므로 many로 수식한다.

해석 너는 커피에 설탕을 많이 넣니? / Harry는 많은 재미있는 이야기를 안다.

해석 우리는 그 나라에 관한 많은 정보를 가지고 있다. / 우리 선생님은 우리의 방학에 대해 많은 제안을 해 주셨다.

04 다음 빈칸에 공통으로 들어갈 알맞은 말은?

> • We have _____ information about the country.
> • Our teacher made _____ suggestions about our vacation.

① a little   ② a few

✔③ a lot of   ④ a great deal of

⑤ a great number of

셀 수 없는 명사 information과 셀 수 있는 명사 suggestions를 둘 다 수식할 수 있는 수식어는 a lot of이다. / •information 정보 •suggestion 제안

05 다음 밑줄 친 부분이 <u>어색한</u> 것은?

① The game is very <u>interesting</u>.

✔② Richard became <u>boring</u> while listening to a long speech.

③ The dogs are really <u>tiring</u>, so I don't want to raise them any more.

④ I heard a strange story. You may be <u>shocked</u> to hear it.

⑤ The final match of Korea and Japan was <u>exciting</u>.

② 사람의 감정 상태를 나타낼 때에는 과거분사(bored)를 써야 한다.
•speech 연설 •raise 기르다 •strange 이상한 •final 최종의 •match 게임

해석 ① 그 게임은 정말 재미있다. ② Richard는 긴 연설을 듣는 동안 지루해졌다. ③ 그 개들은 정말 피곤하게 굴어서, 더 이상 기르고 싶지 않다. ④ 나는 이상한 얘기를 들었어. 네가 들으면 아마 충격받을지도 몰라. ⑤ 한국과 일본의 결승전은 흥미진진했어.

06 다음 대화 중 <u>어색한</u> 것은?

① A These people needed some serious help.
    B We needed some, too.

② A Brad doesn't have any work to do.
    B I don't have any, either.

③ A Bruce was so brave during the war.
    B So was Arnold.

✔④ A Our club didn't take part in the festival.
    B So did my club.

⑤ A Ann has already finished the homework.
    B Really? I haven't finished it yet.

④ 앞 문장이 부정문이므로 Neither did my club.이라고 해야 맞다.
•take part in 참가하다

해석 ① A: 이 사람들은 결정적인 도움이 필요했어. B: 우리도 필요했어.
② A: Brad는 할 일이 없어. B: 나도 없어.
③ A: Bruce는 전쟁 동안 정말 용감했어. B: Arnold도 용감했어.
④ A: 우리 동아리는 축제에 참가 안 했어. B: 우리 동아리도 참가 안 했어.
⑤ A: Ann은 이미 숙제를 끝냈어. B: 정말? 나는 아직 못 끝냈는데.

07 다음 중 어법상 옳은 문장은?

① The building is built highly.
    그 빌딩은 높이 지어진다.

✔② You don't look well. Are you sick?
    너 안색이 안 좋아 보인다. 아프니?

③ Have you seen the movie ago?
    너 전에 그 영화 본 적 있니?

④ My parents got married 20 years before.
    우리 부모님은 20년 전에 결혼하셨다.

⑤ The number of girls are running after the singer. 많은 소녀들이 그 가수를 뒤쫓고 있다. / •run after 뒤쫓다

① '높이'는 high이다. highly는 '상당히'라는 뜻이다. ② well은 형용사로 '건강한'의 뜻이다. ③ 현재완료에서 '전에'라는 뜻을 나타내는 부사는 ago가 아니라 before이다. ④ 현재를 기준으로 '~ 전'은 ago이다. ⑤ '많은'이라는 표현은 a number of를 쓰고 the number of는 '~의 수'라는 뜻이다.

08 다음 주어진 단어를 두 문장의 빈칸에 공통으로 알맞은 형태로 쓰시오.

- A famous artist has ___drawn___ the picture. (draw)
- This painting was ___drawn___ by my daughter. (draw)

첫 번째 문장은 현재완료형 문장이고 두 번째 문장은 수동태로, 둘 다 과거분사가 필요하다. draw의 과거분사는 drawn이다.

해석 유명한 화가가 그 그림을 그렸다. / 이 그림은 내 딸에 의해 그려졌다.

09 다음 주어진 단어를 활용하여 대화의 빈칸을 채우시오.

A Who is the winner of the singing contest?
B Hermione.
A Did you tell her the ___surprising___ news? (surprise)
B Yes. She looked ___surprised___. (surprise)

사람을 놀라게 하는 소식이므로 surprising을 사용하고, 사람은 놀란 상태이므로 surprised를 쓴다.

해석 A: 노래 경연 대회 우승자가 누구니? B: Hermione야. A: 그녀에게 그 놀라운 소식을 알려줬니? B: 응. 놀라는 것 같았어.

10 다음 밑줄 친 부분의 쓰임이 다른 것은?

① The sun is already <u>high</u>.
② The rock is very <u>hard</u>.
③ Our school is <u>near</u>.
✔④ I want my grandma to live <u>long</u>.
⑤ Tiffany was <u>late</u> for the meeting.

④의 long은 '오래'라는 의미의 부사로 쓰여서 동사 live를 수식하고 있지만, 나머지는 모두 형용사로서 be동사를 보충해 주고 있다.

해석 ① 태양이 이미 높이 떠 있다. ② 그 바위는 정말 단단하다. ③ 우리 학교는 가까이에 있다. ④ 나는 우리 할머니가 오래 사시기를 바란다. ⑤ Tiffany는 회의에 늦었다.

11 다음 두 문장이 같은 뜻이 되도록 빈칸에 알맞은 말을 쓰시오.

Julia plays the cello very well.
→ Julia is a ___good___ cello ___player___.

「동사+부사」를 「형용사+명사」로 바꾸어 쓸 때 부사 well은 형용사 good으로 바뀐다.

해석 Julia는 첼로를 매우 잘 연주한다.

12 다음 주어진 단어를 바르게 배열하여 문장을 만드시오.

(for / the car / get in / enough / big / to / isn't / all my family)
→ ___The car isn't big enough for all my family to get in.___

enough는 형용사, 부사로 모두 쓰일 수 있는 단어인데, 여기서는 big을 꾸미는 부사로 쓰였으며 부사로 쓰일 때는 형용사 뒤에 위치한다. to get in은 to부정사의 부사적 용법이고, for 이하가 to부정사의 의미상 주어이다.

해석 그 차는 우리 온 가족이 타기에 충분히 크지 않다.

13 다음 밑줄 친 부분과 바꿔 쓸 수 있는 것은?

Daniel translates <u>many</u> kinds of books into English.

① few   ② little   ③ much
✔④ plenty of   ⑤ a great deal of

셀 수 있는 명사를 수식하는 형용사 many와 같은 의미의 표현으로는 a lot of, lots of, plenty of가 있다. / • translate 번역하다

해석 Daniel은 많은 종류의 책을 영어로 번역한다.

14 다음 대화의 빈칸에 알맞은 말을 〈보기〉에서 골라 쓰시오.

보기 near nearly high highly hard hardly

A Oh, it's ___nearly___ 9 o'clock. I have to go home now.
B Why don't you leave later? I know you live ___near___ here.
A My parents are ___highly___ strict people. I have to go now.
B All right. I will drive you home.

'거의'라는 의미로 시각 앞에 쓸 수 있는 말은 nearly, '가까이'라는 의미는 near, '상당히, 매우'라는 의미의 highly가 대화의 흐름상 적절하다. / • strict 엄한

해석 A: 어머, 9시가 거의 다 됐네. 난 지금 집에 가야 해. B: 좀더 있다 가지 그러니? 너 이 근처에 사는 거 알아. A: 우리 부모님은 상당히 엄하신 분들이셔. 나는 지금 가야만 해. B: 알았어. 내가 차로 집에 데려다 줄게.

15 우리말과 같은 뜻이 되도록 빈칸에 알맞은 말을 쓰시오.

작년에는 눈이 조금 왔지만 올해에는 눈이 조금도 안 왔다.
→ We had ___some___ snow last year, but we didn't have ___any___ snow this year.

'조금'이라는 뜻을 나타낼 때 긍정문에서는 some, 부정문에서는 any를 쓴다.

A 다음 ( ) 안에서 알맞은 말을 고르시오.

1 Kelly lost weight (late, ✓lately).
'최근에' 라는 의미는 lately로 표현한다.

2 Sarah (hard, ✓hardly) works in her house.
• hardly 거의 ～ 않다

3 The supermarket is (✓near, nearly).
• near 가까이, 인접하여

4 Your elder brother is not short. I'm not short, (too, ✓either).
긍정문에서는 too, 부정문에서는 either를 써서 '또한, 역시' 의 뜻을 나타낸다.

5 We don't have (many, ✓much) money to buy a car.
much + 셀 수 없는 명사

B 다음 문장의 빈칸에 ( ) 안의 단어를 알맞은 형태로 바꿔 쓰시오.

1 Your life seems to be full of ___exciting___ events. (excite)
• exciting 흥미진진한

2 What are you ___interested___ in? (interest)
• interested 관심있는

3 The old man was ___surprised___ to see the sight. (surprise)
• surprised 놀란

4 The players were so ___tired___ after they played the game. (tire)
• tired 피곤한

5 Joseph was ___bored___ while he was watching the program. (bore)
• bored 지루한

6 The scene was ___shocking___ to me. (shock)
• shocking 충격적인

C 다음 문장의 빈칸에 알맞은 것을 고르시오.

1 Sophia has a few _____.
① money   ✓② books   ③ time
a few 다음에는 셀 수 있는 명사가 올 수 있다.

2 As soon as the actor appeared, _____ people gathered around him.
✓① a great number of   ② a great deal of   ③ much
셀 수 있는 명사 앞에 쓸 수 있는 것은 a great number of이다.

3 Mom gave me _____ advice.
✓① a lot of   ② a few   ③ a number of
advice(충고)가 셀 수 없는 명사이므로 a lot of만 쓸 수 있다.

D 다음 문장의 <u>틀린</u> 부분을 바르게 고쳐 문장을 다시 쓰시오.

1 Lions are very faster than zebras.

→ _____Lions are much[a lot, even, far, still] faster than zebras._____

비교급을 수식하고 있으므로 very는 올 수 없다.

2 Melissa is not used to being praised. So am I.

→ _____Melissa is not used to being praised. Neither am I._____

부정문에서 '~도 역시'라고 말할 때는 so가 아니라 neither가 온다.

3 It's very hardly work for you.

→ _____It's very hard work for you._____

• hard 어려운 • hardly 거의 ~ 않다

4 There was any trouble with my parents.

→ _____There was some trouble with my parents._____

긍정문이므로 some이 와야 한다.

5 We don't have a great number of money.

→ _____We don't have a great deal of money._____

money는 셀 수 없는 명사이므로 a great deal of가 와야 한다.

6 Jennifer goes to bed lately every day.

→ _____Jennifer goes to bed late every day._____

late는 '늦게'라는 뜻의 부사이고, lately는 '최근에'라는 뜻이다.

E 다음 우리말과 같은 뜻이 되도록 빈칸에 알맞은 말을 쓰시오.

1 우리는 이 상황에서 희망을 거의 찾을 수 없다.

→ We can find _____little_____ _____hope_____ in this situation.

hope는 추상 명사로 셀 수 없으므로 little이나 a little로 수식하는데 부정적 의미인 '거의 없는'이므로 little이 적절하다.

2 나는 돈이 조금 있다.

→ I have _____a_____ _____little_____ money.

money는 셀 수 없으므로 a little로 수식한다.

3 나는 질문할 것이 조금 있지만 Emma는 전혀 질문할 것이 없다.

→ I have _____some_____ questions to ask, but Emma doesn't have _____any_____ questions.

긍정문에는 some, 부정문에는 any를 쓴다.

4 네 언니는 어제 일을 많이 해서 틀림없이 피곤할 거야.

→ Your sister _____must_____ _____be_____ _____tired_____ because she worked a lot yesterday.

• must be ~임에 틀림없다 • tired 피곤한

N.O.T.E.S

A 다음 중 어법상 맞는 문장에는 O표, 어색한 문장에는 ×표 하시오.

1 My rope is as thick three times as yours. (×)
나의 밧줄은 너의 것보다 세 배나 더 굵다.

2 Jim is not so smart as his big brother, but he's so diligent. (○)
Jim은 그의 형만큼 똑똑하지 않지만 참 부지런하다.

3 The weather is as beautifully as can be. (×)
날씨가 더할 나위 없이 좋다.

4 My mother spent as many money as my father. (×)
우리 어머니는 아버지만큼 돈을 많이 쓰셨다.

A

1 「배수사+as+원급+as+비교
상」의 어순이 되어야 한다. 따
three times as thick as가 ?

2 「not as[so]+원급+as」의 구?

3 be동사의 보어 자리이므로 부
아닌 형용사가 와야 한다.
(beautifully → beautiful)

4 money가 셀 수 없는 명사이
many가 올 수 없고 much?
야 한다.

B 다음 문장을 ( ) 안의 지시대로 바꿔 쓰시오.

1 Tigers are faster than bears. (bears를 주어로, as ~ as 사용)
→ _____ Bears are not as fast as tigers. _____
곰은 호랑이만큼 빠르지 않다.

2 Dad came home as early as he could. (possible 사용)
→ _____ Dad came home as early as possible. _____
아빠는 가능한 한 일찍 집에 오셨다.

3 My computer is as fast as yours. (faster, twice 사용)
→ _____ My computer is twice faster than yours. _____
내 컴퓨터가 너의 것보다 두 배 더 빠르다.

B

1 비교급은 「not as[so]+원급+
를 써서 '~만큼 …하지 못한'의
미를 나타낼 수 있다.

2 「as+원급+as+주어+can
「as+원급+as possible」로 비
어 쓸 수 있다.

3 「배수사+비교급+than+비교
상」의 어순으로 쓴다.

C 다음 대화의 빈칸에 알맞은 말을 쓰시오.

1 A How long is your ruler, Jane?

B It's 30cm long.

A Mine is 15cm long, so yours is ___twice___ as ___long___ as mine.

B Right. Then use my ruler to measure it.

A: Jane, 너의 자는 얼마나 길지?
B: 30cm야.
A: 내 것은 15cm니까 너의 것이 나의 것의 두 배구나.
B: 그렇네. 그럼 그것을 재는 데 내 것을 사용해.

2 A Hi, Janet. How is the report going?

B My report is ___as___ good ___as___ finished.

A Really? That's great, so when will you send me it?

B I'll send it to you ___as___ soon ___as___ possible.

A: 안녕, Janet. 보고서는 잘
되가니?
B: 거의 끝난 거나 다름없어.
A: 정말? 잘됐다. 그럼 언제
나에게 보낼 거니?
B: 가능한 한 빨리 보낼게.

C

1 「배수사+as+원급+as」 ~보
…배만큼 더 ~한
measure 재다, 측량하다

2 as good as ~(이)나 다름없는
as soon as possible 가능한
빨리

D 다음 ( ) 안에 주어진 말을 사용하여 우리말을 영작하시오.

1 Sarah는 Jane만큼 많은 펜을 갖고 있다. (as ~ as)
→ _____ Sarah has as many pens as Jane. _____

2 그 아기는 더할 나위 없이 귀엽다. (as ~ as)
→ _____ The baby is as cute as can be. _____

3 그 휴대 전화는 쓸모없는 것이나 마찬가지다. (as, useless)
→ _____ The cell phone is as good as useless. _____

4 내 가방은 클 뿐만 아니라 매우 유용하다. (not only, useful)
→ _____ My bag is not only large[big] but also very useful. _____

D

1 셀 수 있는 명사 pen을 비교하므
as many pens as라고 해야 한다

2 '더할 나위 없이 ~한'은 「as+원
+as can be」이다.

3 '~(이)나 다름없는'의 표현은 a
good as이다.

4 「not only A but also B」 구문
사용한다.

A 다음 중 어법상 맞는 문장에는 ○표, 어색한 문장에는 ×표 하시오.

1 The higher we climb, the colder it becomes. (○)
우리가 더 높이 올라갈수록, 점점 더 추워진다.

2 Soccer is getting popular and popular these days. (×)
축구는 요즘 점점 더 인기가 있다.

3 This tree is three years elder than that one. (×)
이 나무는 저 나무보다 3년 더 오래되었다.

4 Which is better, this red cap or that orange cap? (○)
어느 것이 더 좋니, 이 빨간색 모자니 아니면 저 주황색 모자니?

A
1 '~하면 할수록 점점 더 …하다' 는 「the+비교급, the+비교급」을 쓴다.
2 '점점 더 ~한'은 「비교급+and+비교급」이므로 more and more popular가 알맞다.
3 '더 나이가 많은, 더 오래된'의 의미를 갖는 것은 older이고 elder는 서열상 '손위의' 라는 의미이다.
4 선택의문문으로 「Which ~ 비교급, A or B?」의 문형이다.

B 다음 문장의 빈칸에 알맞은 말을 쓰시오.

1 There are three girls. Sunny gets up at 7, Laura gets up at 8, and Rose gets up
3명의 소녀들이 있다. Sunny는 7시에 일어나고, Laura는 8시에, 그리고 Rose는 7시 30분에 일어난다. 그러므로 가장 늦게 일어나는 소녀는
at 7:30. So the girl who gets up ___latest___ is Laura. Laura다.

2 The ___higher___ the temperature, the ___more___ demands for ice cream.
기온이 높아질수록, 아이스크림에 대한 수요는 더 커진다.

3 Ray is the richest in my town. I have ___less___ money ___than___ him.
Ray는 우리 마을에서 가장 부자다. 나는 그보다 적은 돈을 가지고 있다.

4 The weather is getting ___colder___ ___and___ ___colder___. Winter is near at hand.
날씨가 점점 더 추워진다. 겨울이 코앞에 왔다.

B
1 '가장 늦게'를 나타낼 때에는 the latest를 쓴다. 부사로 쓰였으므로 the를 생략한다.
2 '~하면 할수록 점점 더 …하다'는 「the+비교급, the+비교급」이다.
3 '더 적게'라는 표현이 와야 하므로 less ~ than을 쓴다.
4 겨울이 코앞에 왔다고 했으므로 '점점 더 ~한'이라는 「비교급+and+비교급」의 표현이 필요하다.
near at hand 가까이에

C 다음 대화의 빈칸에 알맞은 말을 쓰시오.

A: 요즘엔 전혀 저축을 할 수 없어.
B: 왜? 내 생각엔 네가 불필요한 것에 돈을 낭비하지 않는 것 같은데.
A: 그 이유는 생활비가 하루하루 점점 더 높아진다는 것이지.

1 A These days I can't save money at all.
　B Why? I don't think you waste money on unnecessary things.
　A The reason is that the cost of living is getting ___higher___ and ___higher___ every day.

2 A Summer is near at hand. Weather is getting ___hotter___ and ___hotter___.
　B What month is the ___hottest___ in Korea?
　A It's August.

A: 여름이 다가왔나 봐. 날씨가 점점 더 더워지고 있어.
B: 한국에서는 몇 월이 가장 덥니?
A: 8월이 그래.

D 다음 우리말과 같은 뜻이 되도록 빈칸에 알맞은 말을 쓰시오.

1 일자리를 찾기가 점점 더 어려워지고 있다.
　→ It's becoming ___harder___ ___and___ ___harder___ to find a job.

2 저 산이 이 산보다 세 배는 더 높다.
　→ That mountain is ___three___ ___times___ ___higher___ ___than___ this one.

3 해왕성은 태양계에서 태양으로부터 가장 먼 행성이다.
　→ Neptune is ___the___ ___farthest___ ___planet___ from the sun in the solar system.

4 들으면 들을수록 점점 더 흥미로워진다.
　→ ___The___ ___more___ I hear, ___the___ ___more___ interested I become.

D
1 '점점 더 ~한'은 「비교급+and+비교급」을 사용한다.
2 「A+배수사+비교급+than+B」는 'A는 B보다 …배 더 ~한'이라는 의미이다.
3 far는 불규칙적으로 변화하며 최상급이 farthest이다. Neptune 해왕성 planet 행성 solar system 태양계
4 '~하면 할수록 점점 더 …하다'는 「the+비교급, the+비교급」을 사용한다.

A 다음 중 어법상 맞는 문장에는 ○표, 어색한 문장에는 ×표 하시오.

1 Soccer is one of the most popular sports in Korea. (○)
축구는 한국에서 가장 인기있는 운동 중 하나이다.

2 Mr. Parker is more industrious than all the other workers. (○)
Parker 씨는 다른 모든 직원들보다도 더 성실하다.

3 Friendship is most important than any other thing in one's youth. (×)
젊은 시절에는 다른 어떤 것보다도 우정이 더 중요하다.

B 다음 문장을 (   ) 안의 지시대로 바꿔 쓰시오.

1 Nothing is more precious than health. (as ~ as)
→ _____ Nothing is as precious as health. _____
어떤 것도 건강만큼 소중하지 않다.

2 My house is the most comfortable place. (부정 주어, more ~ than)
→ _____ No other place is more comfortable than my house. _____
어떤 다른 장소도 내 집보다 더 편안하지 않다.

3 John is the most handsome boy in my group. (비교급, any other)
→ _____ John is more handsome than any other boy in my group. _____
John은 우리 모임의 다른 어떤 소년보다 더 잘생겼다.

4 Nothing in the world is more important than trust. (than, all the other)
→ _____ Trust is more important than all the other things in the world. _____
이 세상에서 신뢰가 다른 모든 것보다도 더 중요하다.

C 다음 대화의 빈칸에 알맞은 말을 쓰시오.

A: 네가 너의 반에서 제일 키가 큰 학생이니?
B: 아니, 내가 가장 큰 학생이 아니야. 나보다 큰 학생이 한 명 있어.
A: 그러면 너는 너의 반에서 두 번째로 키가 큰 학생이구나.

1 A Are you the ___tallest___ student in your class?
B No, I'm not the tallest student. There's one student who is ___taller___ than me.
A Then you're ___the___ ___second___ tallest student in your class.

2 A One of my hobbies is collecting rings, so I have many of them.
B What is the most valuable one?
A: 내 취미 중 하나는 반지 모으기야. 그래서 반지를 많이 갖고 있지.
B: 제일 가치 있는 것이 뭔데?
A: 너도 알다시피 다이아몬드 반지야.
B: 그래. 어떤 것도 다이아몬드 반지만큼 가치 있지는 않지.
A As you know, it's the diamond ring.
B Yeah. Nothing is ___as___ valuable ___as___ diamond ring.

D 다음 (   ) 안에 주어진 말을 사용하여 우리말을 영작하시오.

1 너는 우리 마을에서 다른 모든 소년들보다도 더 재미있다. (humorous, all the other)
→ _____ You are more humorous than all the other boys in our village. _____

2 아빠는 최소한 1주일에 한 번은 잔디를 깎으라고 내게 말씀하셨다. (cut, grass, at least)
→ _____ My father told me to cut the grass at least once a week. _____

3 Alice는 그 어떤 과목들보다도 수학을 좋아했다. (math, any other)
→ _____ Alice liked math better than any other subject. _____

A
1 「one of the+최상급+복수명사」로 이루어진 최상급 표현이다.
2 「비교급+than all the other+복수명사」로 최상급을 나타내고 'industrious 근면한
3 than이 있으므로 most가 아닌 비교급인 more가 와야 한다. friendship 우정

B
1 「부정 주어+비교급+than」과 「정 주어+as+원급+as」는 비교급과 원급을 이용한 최상급 표현이 precious 소중한
2 「No other+단수명사+동사+급+than+비교 대상」을 이용한 상급 표현이다. comfortable 편안한
3 「비교급+than+any other+명사」를 이용한 최상급 표현이다
4 「비교급+than all the other+복수명사」를 이용한 최상급 표현이 trust 신뢰

C
1 더 키가 큰 학생이 한 명 있으면 결국 자신은 두 번째로 크다는 이다. 「the+서수+최상급」에서 수 second를 쓴다.
2 「부정 주어+as+원급+as」를 용한 최상급 표현이다. collect 모으다 valuable 가치 있는

D
1 「비교급+than+all the other+복수명사」를 이용한 최상급 표현다. / humorous 재미있는 village 마을
2 '최소한, 적어도'는 at least로 현한다.
3 「비교급+than+any other+단명사」를 이용한 최상급 표현이다.

01 다음 중 빈칸에 알맞지 <u>않은</u> 것은?

> This is one of the _____ classrooms in our school.

① largest   ② smallest   ③ darkest
④ brightest   ✔⑤ better

「one of the+최상급+복수명사」이므로 최상급이 아닌 ⑤는 알맞지 않다.
• dark 어두운 • bright 밝은

해석 이것은 우리 학교에서 가장 _____한 교실들 중 하나이다.

02 다음 문장의 빈칸에 알맞은 것을 두 개 고르면?

> Harry slept as long as _____ because he was so tired.

✔① possible   ② possibly   ③ he can
✔④ he could   ⑤ it could

「as+원급+as possible」은 「as+원급+as+주어+can」과 같으며 주절의 동사가 과거(slept)이므로 could로 써야 한다.

해석 Harry는 너무 피곤해서 가능한 한 오래 잤다.

03 다음 빈칸에 들어갈 말이 순서대로 짝지어진 것은?

> _____ we spend, _____ we save.

① Little – much
② Less – more
✔③ The less – the more
④ The little – the much
⑤ The most – the less

「the+비교급, the+비교급」은 '~하면 할수록 점점 더 …하다'라는 의미이다. 적게 써야 많이 모으는 것이므로 ③이 정답이다.
• spend 소비하다 • save 저축하다

해석 우리가 더 적게 쓸수록 우리는 더 많이 저축한다.

04 다음 우리말과 같은 뜻이 되도록 주어진 단어를 바르게 배열하시오.

> 이 문제는 더할 나위 없이 쉽다.
> (as / be / problem / easy / can / this / is / as)
> → This problem is as easy as can be.

「as+원급+as can be」는 '더할 나위 없이 ~한'이라는 의미이다.

05 다음 문장 중 <u>어색한</u> 부분은?

> ① Which ✔② is ③ the cheapest, ④ this one ⑤ or that one?

둘 중에 더 싼 것을 묻고 있으므로 비교급 cheaper를 써야 한다.
해석 이것과 저것 중에 어떤 것이 더 싸요?

06 다음 문장 중 나머지와 그 뜻이 <u>다른</u> 것은?

① Honesty is the most important thing of all.
② Nothing is more important than honesty.
✔③ Nothing is not as important as honesty.
④ Honesty is more important than all the other things.
⑤ Honesty is more important than any other thing.

모두 '정직이 가장 중요한 것이다'라는 의미이다. ③은 부정 주어가 나왔으므로 나머지와 같은 의미가 되려면 not이 없어야 한다.

[7~8] 다음 두 문장이 같은 뜻이 되도록 빈칸에 알맞은 말을 쓰시오.

07

> Rabbits are faster than turtles.
> → Turtles are not ___as[so]___ ___fast___ ___as___ rabbits.

비교급을 「not as[so]+원급+as」로 표현할 수 있다.
• rabbit 토끼 • turtle 거북
해석 토끼는 거북보다 더 빠르다. → 거북은 토끼만큼 빠르지 않다.

08

> The blue ruler is three times longer than the yellow ruler.
> → The blue ruler is ___three___ ___times___ ___as___ long ___as___ the yellow ruler.

「배수사+비교급+than」은 「배수사+as+원급+as」를 이용해서 표현할 수 있다.
• ruler 자
해석 그 파란색 자는 노란색 자보다 세 배 더 길다.

09 다음 우리말을 영어로 옮길 때 빈칸에 알맞은 말은?

> 어느 누구도 내가 그녀를 사랑하는 것만큼 그녀를 사랑하지 않는다.
> → No one loves her as _____ as I do.

① many   ✔② much   ③ more

④ most   ⑤ the most

as ~ as 구문이므로 원급이 필요한데 동사(loves)를 수식할 수 있으려면 부사 much가 와야 한다.

해석 ① 나는 너만큼 굶주리지 않다. ② 가장 부유한 남자도 Christina의 마음을 가질 수는 없다. ③ 이것은 세계에서 가장 오래된 절 중의 하나이다. ④ Jerry는 그 셋 중에서 가장 친절한 소년이다. ⑤ 세계에서 세 번째로 큰 나라는 무엇인가?

10 다음 중 어법상 옳은 문장은?

① I'm not as starving than you.

✔② The richest man cannot have Christina's mind.

③ This is one of the oldest temple in the world.

④ Jerry is the kindest boy in the three.

⑤ What is the three largest country in the world?

① 「as+원급+as」이므로 than 대신 as를 써야 한다. ② 「최상급 주어+not」은 '가장 ~한 사람일지라도 … 않다'라고 해석된다. ③ 「one of the+최상급+복수명사」이므로 temples가 옳다. ④ '셋 중에서'는 of the three라고 해야 한다. ⑤ '… 번째로 ~한'의 의미가 되려면 「the+서수+최상급」을 써야 하므로 third를 써야 한다. / •starving 굶주린 •mind 마음, 정신 •temple 절

11 다음 대화의 밑줄 친 부분을 바르게 고쳐 쓰시오.

> A I heard you were on a diet. Did you lose a lot of weight?
> B No. Although I eat less than before, I'm getting fattest and fattest.

→ _____ fatter and fatter _____

'점점 더 ~한'의 의미로 「비교급+and+비교급」을 쓴다.
•be on a diet 다이어트 하다 •lose weight 살을 빼다
해석 A: 나는 네가 다이어트 중이라고 들었어. 살 많이 뺐니?
B: 아니. 전보다 더 적게 먹는데도 불구하고 난 점점 더 뚱뚱해지고 있어.

12 다음 ( ) 안에 주어진 단어들을 사용하여 우리말을 영어로 옮기시오.

> 우리가 경험을 많이 하면 할수록 우리는 더 현명해 진다. (experience, wise)
> → _____ The more we experience, the wiser we become. _____

'~하면 할수록 점점 더 …하다'는 「the+비교급, the+비교급」으로 나타낸다. 앞에는 much의 비교급, 뒤에는 wise의 비교급을 쓴다.
•experience 경험하다

13 다음 중 단어의 형태가 바르게 쓰인 것은?

① Today I feel badder than yesterday.

② This year we'll have little rain than last year.

③ How can you come last than the teacher?

④ I have a best computer than yours.

✔⑤ Francis would like to study the principle further.

① bad의 비교급은 worse이다. ② than이 있으므로 little의 비교급 less를 써야 한다. ③ '더 늦게'라는 의미는 later이다. ④ than이 있으므로 good의 비교급 better를 써야 한다. ⑤ 정도상 '더'를 의미하므로 farther가 아닌 further를 쓰는 것이 맞다. / •principle 원리, 원칙 •further 더, 심도있게

해석 ① 오늘 나는 어제보다 상태가 더 안 좋다. ② 올해는 작년보다 비가 덜 올 것이다. ③ 넌 어떻게 선생님보다 더 늦게 올 수 있니? ④ 나는 네 컴퓨터보다 더 좋은 컴퓨터를 갖고 있다. ⑤ Francis는 그 원리를 좀 더 공부하고 싶어 한다.

14 다음 대화를 읽고, 빈칸에 알맞은 말을 쓰시오.

> A Look at this book. I bought it at a garage sale.
> B Do you mean it's a secondhand book?
> A Yes, but it is ___ as ___ good ___ as ___ new.

yes로 답한 뒤, but이 나왔으므로 이와 반대 혹은 대조되는 문장이 이어져야 한다. 따라서 '거의 새 것이나 다름없는'이라는 표현인 as good as new가 적절하다.
•secondhand 중고의
해석 A: 이 책을 봐. 나는 이것을 차고 세일에서 샀어. B: 그럼 그것이 헌 책이란 말이니? A: 그래, 하지만 거의 새 책이나 다름없어.

해석 Susan에게 안녕, Susan. 아빠는 시드니에서의 여행을 즐기고 있어. 나는 여기서 많은 사람들을 만났어. 그들은 정말 친절했단다. 그리고 경치가 아름다워. 시드니는 내가 방문했던 다른 모든 도시들보다 더 아름다워. 내일 나는 프랑스로 떠날 거란다. 잘 있어. 사랑을 담아, 아빠가.

15 다음 편지글을 읽고, 빈칸에 알맞은 말을 쓰시오.

> Dear Susan,
> Hi, Susan. I am enjoying my trip in Sydney. I met a lot of people here. They were really friendly. And the scenery is beautiful. Sydney is more beautiful ___ than ___ all ___ the ___ other ___ cities I've visited. Tomorrow I'll leave for France. Take care.
>
> with Love,
> *Dad*

비교급을 이용한 최상급 표현은 「비교급+than all the other+복수명사」이다.
•a lot of 많은 •friendly 친절한 •scenery 경치 •leave for ~로 향하다

다음 ( ) 안에서 알맞은 말을 고르시오.

1 Which city is (✔larger, largest), Daejeon or Busan?
둘 중 선택하는 의미이므로 비교급을 써야 한다.

2 The typhoon was the (worse, ✔worst) natural disaster in our history.
최상급이 와야 하므로 worst가 되어야 한다.

3 I am fourteen years old and Steven is sixteen. So he is (✔older, elder) than me.
나이가 더 많다는 의미는 older로 쓴다.

4 I want to study our history (farther, ✔further).
거리가 아니라 정도를 나타내는 비교급이므로 further가 와야 한다.

다음 문장의 빈칸에 알맞은 것을 고르시오.

1 Anthony can skate as _____ as Shaun.
① good　　　　　✔② well　　　　　③ bad
• as well as ~만큼 잘

2 This year it snowed two _____ as much as last year.
① time　　　　　✔② times　　　　　③ grade
올해는 작년의 두 배만큼 눈이 왔다는 의미이므로 「two times+as+원급+as」로 써야 한다.

3 What is the brightest candle _____ all these?
① for　　　　　② in　　　　　✔③ of
「최상급+of+비교 대상」 … 중에서 가장 ~한

다음 문장의 **틀린** 부분을 바르게 고쳐 문장을 다시 쓰시오.

1 Baseball is one of the most exciting sport.
→ _____ Baseball is one of the most exciting sports. _____
「one of the+최상급+복수명사」의 형태가 되어야 한다.

2 No other thing is good than "mother's love."
→ _____ No other thing is better than "mother's love." _____
「부정 주어+비교급+than」이 최상급을 의미하므로 good을 비교급인 better로 바꾼다.

3 Einstein is more famous than any other scientists.
→ _____ Einstein is more famous than any other scientist. _____
「비교급+than+any other+단수명사」이므로 scientists를 단수형으로 바꾼다.

4 Rebecca sings well, but Emily sings more well.
→ _____ Rebecca sings well, but Emily sings better. _____
well의 비교급 형태는 better이다.

5 Lisa writes badly, but Susan writes badlier.
→ _____ Lisa writes badly, but Susan writes worse. _____
bad의 비교급 형태는 worse이다. / • badly=bad 나쁘게, 서투르게(bad가 형용사로 쓰일 경우에는 '나쁜'의 뜻이다.)

D 다음 두 문장이 같은 뜻이 되도록 빈칸에 알맞은 말을 쓰시오.

1 Christina walked as quietly as possible not to wake up her parents.

→ Christina walked as quietly as ___she___ ___could___ not to wake up her parents.

「as+원급+as possible」은 「as+원급+as+주어+can」으로 바꿔 쓸 수 있다. 시제가 과거이므로 could가 온다.

2 I like not only sports but also music.

→ I like music ___as___ ___well___ ___as___ sports.

not only A but also B = B as well as A

3 This is the lightest pillow.

→ This is lighter than all ___the___ ___other___ ___pillows___.

최상급은 「비교급+than+all the other+복수명사」로 바꾸어 쓸 수 있다.

4 Nothing is more important than raising children.

→ Raising children is ___the___ ___most___ ___important___ ___thing___.

「부정 주어+비교급+than」은 최상급과 같다.

5 I am the happiest bride in the world.

→ I am ___happier___ than any other bride in the world.

최상급은 「비교급+than+any other+단수명사」로 바꿔 쓸 수 있다.

6 No other river in the world is as long as the Nile.

→ The Nile is ___the___ ___longest___ river in the world.

「No (other)+단수명사+(범위+)동사+as+원급+as+비교 대상」은 최상급으로 바꿔 쓸 수 있다.

E 다음 우리말과 같은 뜻이 되도록 빈칸에 알맞은 말을 쓰시오.

1 오늘은 어제보다 덜 덥다.

→ Today is not ___as[so]___ ___hot___ ___as___ yesterday.

비교급은 「not as[so]+원급+as」로 나타낼 수 있다.

2 그 신발은 더할 나위 없이 더럽다.

→ The shoes are ___as___ dirty ___as___ ___can___ be.

'더할 나위 없이 ~한' 이라는 의미의 표현은 「as+원급+as can be」이다.

3 그 환자는 죽은 것이나 다름없었다.

→ The patient was ___as___ ___good___ ___as___ dead.

as good as ~(이)나 다름없는

4 이 도시에서 두 번째로 높은 건물은 무엇이니?

→ What is ___the___ ___second___ ___tallest___ building in this city?

「the+서수+최상급」은 '… 번째로 가장 ~한'의 의미이다.

5 우리는 더 많이 가질수록, 더 많이 원한다.

→ ___The___ ___more___ we have, ___the___ ___more___ we want.

「the+비교급, the+비교급」~하면 할수록 점점 더 …하다

01 다음 문장의 빈칸에 알맞지 <u>않은</u> 것은?

> Until now the reporter has not interviewed _____ people.

① many   ② lots of   ③ plenty of
④ a lot of   ✔⑤ a great deal of

셀 수 있는 명사 앞에 쓸 수 없는 것은 셀 수 없는 명사만 수식하는 ⑤이다.
• until now 지금까지

[2~3] 다음 대화의 빈칸에 알맞은 말을 고르시오.

02
> A I don't like spending much time cleaning the house.
> B I don't like it, _____.

① too   ✔② either   ③ also
④ neither   ⑤ however

부정문에서 '또한'의 의미를 나타내는 것은 either이다.

03
> A Will you go to Steven's house warming party?
> B Of course. I _____ miss it. He is my best friend.
> A If you go there, I will go there, too.

✔① won't   ② can   ③ may not
④ mustn't   ⑤ should

Will you ~?로 물었으므로 will을 포함하여 대답해야 한다. miss는 '놓치다'라는 뜻으로, 내용상 '놓치지 않겠다'가 되어야 한다.

'가능한 한 ~하게'는 「as+원급+as possible」을 쓴다. / • loudly 크게

04 다음 우리말을 영어로 옮길 때 빈칸에 알맞은 말을 쓰시오.

> Victoria는 가능한 한 큰 소리로 노래를 불렀다.
> → Victoria sang a song as loudly as _____ possible.

05 다음 문장 중 나머지와 그 뜻이 <u>다른</u> 것은?

① Andrew is the strongest man in our club.
② No other man in our club is as strong as Andrew.
③ No other man in our club is stronger than Andrew.
④ Andrew is stronger than all the other men in our club.
✔⑤ All the other men in our club are stronger than Andrew.

⑤는 결과적으로 Andrew가 동아리에서 가장 힘이 약하다는 의미이므로 나머지 문장들과 반대의 의미이다.

해석 ①, ②, ③, ④ Andrew는 우리 동아리에서 가장 힘이 센 남자이다.
⑤ 우리 동아리의 모든 다른 남자들이 Andrew보다 힘이 더 세다.

06 다음 빈칸에 들어갈 말이 순서대로 짝지어진 것은?

> I found a big wooden box in the forest. I expected it to be filled with gold. But there wasn't _____ gold in the box. Instead, there were only _____ stones in it. I was a little disappointed.

① some – some   ② no – any
③ some – any   ④ no – some
✔⑤ any – some

'조금의, 약간의'를 나타낼 때 긍정문에서는 some, 부정문에서는 any를 쓴다.
• wooden 나무의 • expect 기대하다 • be filled with ~로 가득차다
• instead 대신에 • disappointed 실망한

③ be동사의 보어인 형용사가 필요하므로 부사 hardly를 hard로 고쳐야 한다.
• successful 성공적인

07 다음 중 밑줄 친 단어의 쓰임이 바르지 <u>않은</u> 것은?

① It's <u>nearly</u> ten o'clock.
② I love my family <u>deeply</u>.
✔③ Andrew's job is <u>hardly</u>.
④ We have visited the zoo <u>lately</u>.
⑤ Johnny is a <u>highly</u> successful salesman.

08 다음 우리말을 영어로 옮길 때 빈칸에 알맞은 말을 모두 고르면?

> 그 수녀님은 많은 집없는 사람들을 돌보아 주셨다.
> → The nun _____ a lot of homeless people.

① looked at ② looked for
✔③ looked after ④ asked for
✔⑤ cared for

'돌보다' 라는 의미의 구동사에는 look after와 care for, take care of가 있다.
• nun 수녀님 • homeless 집없는

09 다음 중 문장 형식이 〈보기〉와 같은 것은?

> 보기 We saw lots of sheep sleeping on the grass.

① I went to the park with my classmates.
② All the people became surprised because of the accident.
③ Patrick read all the books written by his favorite author.
④ Our English teacher told us a funny story in English.
✔⑤ The policeman made me stop my car.

〈보기〉 「S+V+O+O.C.」의 5형식 ① 「S+V+부사구」의 1형식
② 「S+V+C」의 2형식 ③ 「S+V+O」의 3형식
④ 「S+V+I.O.+D.O.」의 4형식 ⑤ 「S+V+O.+O.C.」의 5형식
• accident 사고 • author 작가, 저자

①, ②, ④, ⑤의 A as well as B는 'B 뿐만 아니라 A도'의 의미이고, ③은 「as+원급+as」 구문의 원급에 부사 well이 쓰인 문장으로 '~만큼 잘'의 뜻이다.

10 다음 중 밑줄 친 부분의 의미가 다른 것은?

① I want peace as well as love.
② Women as well as men can be soldiers.
✔③ Brad can act as well as Anthony.
④ Apples as well as oranges are good for kids.
⑤ There are lilies as well as carnations in the vase.

[11~13] 다음 중 어법상 어색한 문장을 고르시오.

11 ① You should not give up the chance.
✔② Why don't you write down it?
③ You'd better put it on. It's so cold.
④ Did you turn the light off when you left home?
⑤ We should pick the garbage up in the classroom.

② 「동사+부사」가 타동사 역할을 할 때 대명사인 목적어는 동사와 부사 사이에 위치해야 한다. (write down it → write it down)

12 ① He is not as friendly as you are.
② Her salary is two times as much as mine.
③ This toy is as simple as that one.
✔④ Working all night was as hard as could do.
⑤ My teacher is as good as my mother.

'더할 나위 없이 ~한'을 나타낼 때는 「as+원급+as can[could] be」라고 해야 한다. / • salary 월급, 봉급

④ 조동사 두 개를 나란히 쓸 수 없으므로 will can을 will be able to로 바꾼다.
• reach 도달하다 • goal 목표

13 ① Michael cannot be a liar.
② It may not rain tomorrow.
③ The woman must be a doctor to do so.
✔④ Jennifer will can pass the driving test.
⑤ We should do our best to reach our goal.

14 다음 글의 밑줄 친 부분과 바꿔 쓸 수 있는 것은?

> Celine was poor at drawing. So she always got a bad grade in art. She <u>must</u> practice drawing every weekend. After one year, her grade was better than before.

① have to
② has to
✔③ had to
④ will have to
⑤ would have to

전체 시제가 과거이다. must(~해야 한다)와 같은 의미인 have to의 과거형 had to를 쓴다.
• be poor at ~을 못하다, ~에 서툴다 • grade 점수, 등급 • art 미술
• practice 연습하다

15 다음 (   ) 안의 단어 ⓐ, ⓑ를 알맞은 형태로 고쳐 쓰시오.

> Mom is ⓐ (interest) in learning foreign languages. These days she is learning Chinese every morning. When I come home from school, Mom greets me in Chinese. I think it's really ⓑ (interest).

ⓐ ___interested___   ⓑ ___interesting___

'~에 관심있다'는 be interested in, '재미있는'은 interesting으로 나타낸다.

비교급을 이용해서 최상급을 표현하는 방법은 「비교급+than+any other+단수 명사」이다. / • favorite 가장 좋아하는 • subject 과목 • What[How] about you? 너는 어때? • P. E. 체육(Physical Education) • helpful 도움이 되는

16 다음 대화의 빈칸에 알맞은 말을 쓰시오.

> A What's your favorite subject?
> B Math. What about you?
> A My favorite subject is P.E. It is ___more___ helpful than ___any___ ___other___ ___subject___ .

17 다음 우리말과 같은 뜻이 되도록 대화의 빈칸에 알맞은 말을 쓰시오.

> A I didn't call the boss last night.
> B ___Neither did I.___ (나도 안 했어.)

'~도 역시 아니다'라고 말할 때 「Neither+동사+주어」로 말하며, 일반동사의 과거 시제이므로 did를 쓴다.

[18~19] 다음 중 밑줄 친 부분이 바르게 쓰인 것을 고르시오.

18
① There used to <u>being</u> a bakery next to our school.
② Would you like to <u>watching</u> the movie?
✔③ Students ought not to <u>be</u> late for school.
④ We had better <u>helping</u> each other.
⑤ He would rather <u>reads</u> comic books.

조동사 뒤에는 동사원형이 와야 한다. ① being → be ② watching → watch ④ helping → help ⑤ reads → read

19
① It's getting <u>the darker</u> as time goes on.
② Which is <u>deepest</u>, this pond or that pond?
✔③ The plane is going up <u>higher and higher</u>.
④ What is <u>the second longer</u> river in Korea?
⑤ This is one of the <u>oldest city</u> in the world.

① 비교급에는 the를 쓰지 않으므로 the를 삭제해야 한다. ② 두 가지 중 선택을 하는 「Which+동사+비교급, A or B?」이므로 deepest를 deeper로 고친다. ④ 「the+서수+최상급」이므로 longer를 longest로 고친다. ⑤ 「one of the+최상급+복수명사」이므로 city를 cities로 고친다.

'만들어 주다'라는 뜻의 make는 3형식으로 전환할 때 전치사 for가 필요하다. make A B → make B for A

20 다음 두 문장이 같은 뜻이 되도록 빈칸에 알맞은 말을 쓰시오.

> The cook made us delicious spaghetti.
> → The cook made delicious spaghetti ___for___ us.

A 다음 문장의 **틀린** 부분을 바르게 고쳐 문장을 다시 쓰시오.

1 It is near ten o'clock. ➡ _It is nearly ten o'clock._
거의 10시다.

2 The professor's lecture is a little bored. ➡ _The professor's lecture is a little boring._
그 교수의 강의는 약간 지루하다.

1. '거의'라는 뜻의 부사는 nearly이고, near는 '가까이'라는 뜻이다.
2. 다른 사람을 지루하게 만드는 강의에 대한 설명이므로 현재분사를 써야 한다.

B 다음 ( ) 안에 주어진 말을 사용하여 우리말을 영작하시오.

1 나는 시험 볼 때 거의 실수를 하지 않는다. (few, mistake, take an exam)

➡ _I make few mistakes when I take an exam._

few는 '거의 없는'이라는 뜻으로 mistakes 앞에 온다.

2 뭐 마실 것 좀 드릴까요? (would you like)

➡ _Would you like something to drink?_

정중히 권하는 표현은 Would you like ~?이다.

3 그 웨이터는 나에게 잠시 기다리라고 요청했다. (to wait, for a minute, ask)

➡ _The waiter asked me to wait for a minute._

「ask+목적어+to부정사」는 '~에게 …하기를 요청하다'라는 의미의 5형식 문장이다.

3. 「No other+단수명사+(범위+)동사+as+원급+as+비교 대상」은 '… 중에서 어느 누구도 비교 대상만큼 ~하지 않다(… 중에서 가장 ~하다)'는 의미의 최상급 표현이다.

C 다음은 Lucy가 세 친구를 비교한 글이다. 본문의 내용과 일치하도록 주어진 문장의 **틀린** 부분을 바르게 고쳐 문장을 다시 쓰시오.

> I have three friends, Jessy, Miranda, and Nancy. They are different from each other in many ways. Jessy is the most diligent girl of the three. She is always doing something like homework, helping her mom, etc. Miranda never tells a lie to anyone. She is a very faithful girl, but she isn't as generous as Nancy. Nancy is the tallest and most attractive girl of the three. They are best friends of mine.

1 Jessy is more attractive than the other two girls.

➡ _Nancy is more attractive than the other two girls._

「비교급+than+the other two girls」는 최상급 표현이다.

2 Miranda is the most diligent girl of the three.

➡ _Jessy is the most diligent girl of the three._

「the+최상급+명사+of+비교 대상」은 '… 중에서 가장 ~한'이라는 의미의 최상급 표현이다.

3 No other girl of the three is as tall as Miranda.

➡ _No other girl of the three is as tall as Nancy._